Herbert Schneider

Mia san Bayern

Herbert Schneider

Mia san Bayern

rosenheimer

3. Auflage

www.rosenheimer.com

Titelillustration: Sebastian Schrank, München
Die Texte von den Seiten 42–45, 81–83,
102–104, 201–203, 212–214, 236–238, 245–247
sind aus dem Buch »Bayerische Seiten aufblättern«,
erschienen im Turmschreiber Verlag, Husum.
Satz: Satzpunkt Ursula Ewert GmbH, Bayreuth
Druck und Bindung: GGP Media GmbH, Pößneck
Printed in Germany

ISBN 978-3-475-54167-4

Inhalt

Vorwort – Bayrisches Führungszeugnis

Vor die Frage gestellt, bist du eigentlich ein waschechter Bayer, antwortet meine innere Stimme »nix anders«, und führt zunächst als Gründe an: erstens als gebürtiger Schwanthalerhöher direkt hinter dem Rücken der Bavaria aufgewachsen und zweitens in meiner Brunftzeit fremden Verlockungen widerstanden und eine frische Maid aus Sendling gefreit. Noch ein Trumpf: meine Großeltern stammen aus Niederbayern und der Oberpfalz.

Als weitere Gründe für echtes Bayerntum sind anzumerken: Schon als Kleinkind auf den Schultern des Vaters erstmals auf das Oktoberfest eingeritten, an den Hängen der Theresienwiese als Rodelanfänger zwei Frostzehen erworben, später dort das Skifahren erlernt und als Bier-Sherpa für den Vater erste Maßkrug-Kontakte geknüpft. Sowohl vom Frauenturm wie vom Alten Peter hat der Vorstadt-Lauser schon auf seine Münchner Stadt herabgeschaut, auch der Bavaria ist er mehrmals in den Kopf gestiegen. Im Liebfrauendom gefirmt, hat er nach glücklicher Heimkehr vom Krieg in Garmisch das Schreiberhandwerk erlernt und später fleißig weiterbetrieben.

Was vor dem Krieg versäumt wurde, ist nun nachgeholt worden: die Ruhmeshalle, die Befreiungshalle über Kehlheim, die Walhalla besucht, beim König-Ludwig-Langlauf an Schloss Linderhof vorbeigeglitten und dabei in Gedanken unserem Märchenkönig zugewinkt, Deutschlands höchsten Berg, die Zugspitze erstiefelt, ebenso die Isarquelle im Tiroler Karwendel und ihre einsame Mündung in die Donau.

Seiner Heimatstadt hat er zwar nun den Rücken gekehrt, doch sein vertrauter Arbeitsplatz ist sie geblieben. Der Ausreißer wohnt jetzt im Nahen Osten, aber natürlich in dem von München.

Was muss einen echten Bayern anrühren? Natürlich die Bayernhymne. Auch das König-Ludwig-Lied, die Weise vom Wildschütz Jennerwein oder den Stolz von der Au kann er, begleitet von Gitarrengezupf, problemlos trällern.

Essen und Trinken hält Leib und Seel zsamm. Der hiesigen Kost ist er kaum untreu geworden. Sogar ein Malzkaffee wird manchmal aufgebrüht, um den Geschmack der Kindheit wieder einmal auf der Zunge zu spüren. Ein Schweinsbraterl mit handgedrehten Kartoffelknödeln, ein Kalbslüngerl, eine Grießnockerlsuppe, Dampfnudeln, ein Reiberdatschi, ein Apfelstrudl, ein Kaiserschmarrn – da lacht das Bayernherz! Und in einem Biergarten entwickelt sich dann auch noch das typische Mia-san-mia-Gefühl.

Und wie redet ein echter Bayer? Natürlich wie ihm der Schnabel gewachsen ist! Und wie schreibt er? Wie in der Schule gelernt Hochdeutsch. Doch wenn der Befragte auf Versfüßen wandelt, kommt meist Mundart zu Wort. Ist er jetzt eitel, wenn er verkündet, dass ein Dutzend solcher Texte, von Maxl Graf, Fritz Strassner, Gustl Bayrhammer, Max Grießer, Ludwig Schmid-Wildy und Erni Singerl gesungen, auf Schallplatten gelandet ist?

A wengl protzn derf si schließlich aa a Bayer. Doch wie stehts mit dem angeblichen Münchner Grant bei ihm? Nur höchst selten wird er davon befallen, und wenn, dann sind die andern und besonders de ganz de andern daran schuld.

Übrigens: Jodeln und Zitherspielen kann er nicht, auch vom Kammerfensterln und Wildern, den Bayern oft angedichtet, hat er sich stets fern gehalten. Haferlschuhe, Wadlstrümpfe, eine Lederhose und sogar einen Gamsbart hat er dennoch im Schrank, führt sie aber viel zu selten an die frische Luft. Um deswegen die bisher gute Bayernbilanz nicht zu schmälern, fügt er zum Schluss noch an, dass ein Onkel von ihm Vorplattler in einem Gebirgstrachtenerhaltungsverein gewesen ist. Is des ebba nix?

Herbert Schneider

Dahoam

Bayern gehört mir!

Wem gehört eigentlich Bayern? Gewiss nicht der Bayerischen Staatsregierung oder gar dem FC Bayern! Vielmehr gehört Bayern den Bayern, also uns, dir und mir!

Freilich sind meine Besitzrechte an Bayern nicht überall gleich. Der Spessart z.B. gehört mir weniger als der Wendelstein, der Bodensee weniger als der Chiemsee. Je näher die Örtlichkeiten herangerückt sind, desto mehr werde ich zum Besitzer.

Zur rechten Zeit fahre oder wandere ich durchs weißblaue Land, um mich meines Besitzstandes zu vergewissern und zu erfreuen. Was denn nun alles mein sei? So ziemlich alles: die Wiesen und Felder, die Blumen und Wälder, die Äpfel und Nüsse, die Seen und die Flüsse, die Raben und Igel, die Täler und Hügel, die Rinder und Rösser, die Burgen und Schlösser, die Kircherl am Wege, die Straßen und Stege – all das und noch viel mehr gehört mir und natürlich auch den vielen anderen, die nicht gedankenlos auf ihren Mitbesitz verzichten, indem sie leeren Blicks daran vorbeirasen, als gehe sie das alles gar nichts an.

Wer aber die Augen offen hat, der weiß: Ihm gehört der Gockelhahn auf dem Kirchturm und das Feldkreuz am Rain, der Nebel über dem Fluss, die Wolken am Himmel, der Rauhreif am Morgen, das Abendrot am Horizont.

Besitzen heißt Verantwortung tragen! Ich gehe mit meinem Eigentum sorgsam um, bin auf Ordnung und Sauberkeit bedacht, möchte Schönes bewahren und Hässliches verdrängen.

Zu meinem Besitz (für den ich übrigens keinen Cent Steuer zu entrichten und keinen Euro Schulden abzutragen habe) gehören auch Tausende von Bauernhöfen. Schaut sie nur an, wie sie stattlich und behäbig zugleich in der Moränenlandschaft stehen! Auch die Hühner, die im Obstanger nach Regenwürmern scharren, gehören mir. Ich trete ins Haus und fordere von der Bäuerin zehn Eier als Tribut. Da sie natürlich nicht weiß, dass ich Mitbesitzer bin, ich sie damit aber auch nicht erschrecken will, bezahle ich ein Fünferl mehr für das Stück, als sie fordert. Wem so viel zu eigen ist, der kann großzügig sein!

Bei einem anderen Landwirt habe ich aber dann doch meine Ansprüche durchblicken lassen. Nachdem er, offenbar durch bessere Einsicht, an seinem Hof die grausame Aluminium-Glastüre wieder durch ein solides Portal aus Holz ersetzt hatte, sprach ich ihm meine Anerkennung für diese längst fällige Maßnahme an meinem Hof aus.

»Wieso dei Hof? Des muasst ma scho ausdeitschn!«, sagte er. Etwas Bedrohliches schwang in seiner Stimme.

»Im Grundbuch stehst freilich du drin«, beruhigte ich ihn, »aber schau, meine Augn, dene ghört dei Hof so guat wia de dein! Und jetz ham meine Augn wieda a Freid, wenns an unserm Hof vorbeigehnga, hast mi?«

Er hatte mich – und im Grunde nichts dagegen, mich auf diese Weise als Mitinhaber zu wissen. Das Geheimnis verantwortlichen Besitzens besteht eben darin, teilen zu können. Wem so viel Bayern gehört wie dir und mir, der kann großzügig sein!

Boarisch

Des kon a Wort, a Liadl sei,
a Bacherl, des wo plauscht,
a Bleamerl, des am Wald hiebei
auf Wind und Vögl lauscht.

A Kircherl, des grad zwölfe leit,
a Kreiz im Buachaschlag,
a »Grüaß di God« vo Nachbarsleit,
a Deandl, des di mag.

Da Himme, bal er weiß-blau lacht,
a Gamserl in de Wänd',
a Stutzn, der bei Vollmond kracht,
am Ahndl seine Händ.

A Bua ko's sei, der Zithern schlagt,
da Gruch vo frischn Hei,
an alter Bauer, der si plagt,
de lange Pfeif im Mäu.

D' Bavaria, wia s' obagrüaßt,
und aa bal d' Schaffler draahn
am Münchner Rathausturm, na gspürst
as Hoamatlüfterl waahn!

Des konst net lerna, net studiern,
des kon da neamd net sagn.
Im Herzn drinna muaßt as gspürn,
sunst werst as nia dafragn!

Kennst di aus?

Da wosd di auskennst, bist dahoam,
da kon di so leicht koaner schwoam,
da woaßt genau, wia s' gehnga, d' Gaang,
da kennst de Vögl, eahnan Gsang.

Da woaßt, wo jeder Schlüssel sperrt,
wohi as Millibitscherl ghört.
Sogar im Finstern hast koa Gfrett:
Du findst di z'recht – und z'ruck ins Bett.

Und haust di aufn Daama nauf,
na ziahgst den rechtn Schubladn auf,
wo 's Pflaster drin is, d' Soibn dabei,
weilsd di hoit auskennst in deim Gäu!

Rundumadum hast aa koa Plag.
Wia in deim eigna Hosnsack,
so kennst di aus, woaßt Weg und Steg,
findst blind an jedn schöna Fleck.

Kennst di hoit aus, da fehlt si nix,
kennst aa de Nachbarn eahnre Tricks,
samt eahnre Muckn, eahnre Schlich,
de dumma und de gscheidn Sprüch.

Erst wennsd woanders bist, kimmts raus:
Du kennst di hint und vorn net aus!
Wennsd ebbas suachst, na muaßt z'erst fragn.
Sie kennas dir zwar recht guat sagn,

do weiderhelfa tuats da net,
weilsd nix verstehst von eahnam Gred!

Aa mitn Essen hast dei Müah –
koan Knödl kenna s', koa gscheids Bier.

Grad gfrein duats di, wennsd hoamfahrn konst,
des Örterl näher ruckt, wosd wohnst.
A wengl no, und du hupfst raus:
Jetz bist dahoam – jetz kennst di aus!

Hoamat

Dei Hoamat, Bua, de halt in Ehrn,
und dass d' ma s' nia vergisst!
Des werst erst spaader innewern,
balsd in da Fremdn bist.

Was des bedeit und was des hoaßt:
A diamaln is' scho gschehng,
dass oaner frisch is außigroast,
hat d' Hoamat nimmer gsehng.

De Bleamerl aufn Anger drauß,
des Wegerl durchn Wald,
des liabe, alte Vatterhaus
ham eahm as Hoamweh gmalt.

Sei Muadda, wia s' am Ofa steht,
de Buidl an de Wänd,
wia er mim Göd zur Firmung geht,
wia d' Kuchllampn brennt.

Des hat er gsehng und no vui mehr
und is schier dro verzagt.
A »Grüaß di God« waahts zu eahm her,
wias eahm a Deandl gsagt.

Jetz hat er gwusst, was Hoamat hoaßt.
Drum halt ma s', Bua, in Ehrn!
Balsd aa amal in d' Fremdn roast,
werst as scho innewern!

Eingefleischte Taler

»Taler, Taler, du musst wandern«, fordert ein altes Kinderlied. Doch es gibt genügend Taler, die sich weigern, von einem Ort zum andern zu ziehen. Nicht die Spartaler sind gemeint, die entweder unter einer Matratze oder auf dem Konto einer Kreissparkasse verharren, sondern jene unzähligen Taler, die in Tälern wohnen: die Isartaler und die Inntaler, die Loisachtaler und die Leitzachtaler, die Ammer- und Ampertaler, die Glonntaler und die Ebrachtaler und wie sie sonst noch alle heißen mögen, die höchstens einmal im Urlaub andere Ufer ansteuern, ansonsten aber unverrückbar die Taler, die sie nun einmal sind, bleiben wollen.

Hierin ähneln sie sicher den Neandertalern, jenen ältesten aller Taler, ohne dass sie uns freilich, zu ihrer Ehre sei's gesagt, mit deren groben Gesichtszügen samt fliehender Stirn erschreckten. Nein, unsere Taler sind durchaus ansehnliche Menschen mit teilweise hohem Intelligenzquotienten. Und was etwaige Dummerl unter ihnen anbelangt: gibt es die nicht genauso auf den Höhen?

Fast alle Taler, welches Wasser ihnen auch voranfließen mag, sind stolz darauf, gerade *diese* und keine anderen Taler zu sein. »'s gibt nur a Loisachtal alloa ...« heißt es in einem weitum bekannten Taler-Lied, und wer möchte das auch angesichts so gewichtiger Zeugen wie Zugspitz und Waxenstoa bestreiten? Aber auch die vielen anderen, deren Bacherl die Breite eines Regenwurms kaum überschreitet, berufen sich auf ihre Einmaligkeit. Und es lässt sich ja auch nicht leugnen: selbst ein noch so kleines Rinnsal hat ein stattliches Tal in die Landschaft gefurcht und zu beiden Seiten anmutige Höhen aufgeschichtet, die von den jeweiligen Talern wie selbstverständlich mitvereinnahmt werden nach dem Motto: Ohne Tal auch keine Höh – dullidullijöh!

Besonders gern schlagen sich Bach- und Talnamen auf Vereine und Vereinsfahnen, auf Musikanten und Sänger nieder, von den Eschelbacher Schützen bis zur Isartaler Blasmusik, von den Leitzachtaler Dirndln bis zum Nasenbacher Harfen-Duo. Gar wo geplattelt und Zwiefacher getanzt wird, kann nach dem Hauptwort »Gebirgstrachten-Erhaltungsverein« auf den Zusatz eines Talnamens kaum verzichtet werden.

Bloß gut, dass wir in Bayern genug fließendes Wasser haben, um den weißblauen Freistaat flächendeckend mit Tälern und Tälchen zu durchziehen. Keine Stadt, kein Marktflecken und kaum ein Dorf, die nicht ihren Fluss, ihren Bach, ihr Bacherl und damit auch ihr Tal hätten. Und die Örterl, die droben auf der Höh liegen, schauen zumindest in ein Tal, manchmal sogar in deren zwei, hinab, lassen meist auch noch ein eigenes Wässerchen munter den Hang hinunterschwätzen und mehren so das Talflüsschen jede Sekunde um ein volles Wasserschaffel, weshalb sie sich mit einigem Recht gleichfalls jenem Tal zugehörig fühlen dürfen. Die meisten Täler und Tälchen haben noch ihre uralten Mühlen, ihre Sägewerke, ihre Fische und Fischer, ihre spezielle Flora und Fauna, sofern es ihnen gelang, übereifrigen Flurbereinigern zu entkommen.

Weit in die Vergangenheit zurück weisen die Talflüsse, raunen von den ersten Menschen, die an ihren

Ufern siedelten und ihnen den Namen gaben. Isère, Isar und Iser nannten einst gleichlautend – nämlich Wasser – die keltischen Bojer Flüsse ihrer Siedlungsräume in Frankreich, Bayern und Böhmen. Flussläufe und Flusstäler binden, verbandeln die Menschen, ohne sich um Grenzen zu scheren, Flussnamen weisen auf uralte Gemeinsamkeiten.

O Täler weit, o Höhen! Das alte Lied fasst das lyrisch-romantische Empfinden, das das bewegte Auf und Ab der Landschaft bei uns auslöst, in fünf Worte zusammen. Sollte es einen eingefleischten Taler wirklich einmal zu wandern gelüsten, dann hinauf auf diese Höhen, von denen herab sich sein Tal noch schöner, prächtiger, lieblicher in seinen Augentalern spiegelt.

Kleines großes Bayern

Als der Vater seinem kleinen Sohn auf einem Schulatlas das Land Bayern zeigte, fing der Bub bitterlich zu weinen an. »Ja, warum weinst denn da, wenn du unser Bayerland siehst«, fragte der Mann, worauf der Dreikäsehoch unter Schluchzen hervorstieß: »Weil's so kloa is!«

Kein Wunder, die Karte hatte einen Maßstab von 1:1 000 000, aber erkläre das einmal einer einem Sechsjährigen. Doch war der Vater mit der Antwort nicht unzufrieden. Sie zeigte, dass in der Brust seines Söhnchens schon ein gutes bayerisches Herz schlug.

»Bayern ist in diesem Atlas nur deshalb so klein, weil es in Wirklichkeit so groß ist, dass es niemals auf einem Bogen Papier, und wäre er noch so riesig, Platz fände!, sagte er. »Da brauchst nicht weinen! Pass auf: wie du neulich auf dem Fernsehturm warst, noch zehnmal so weit wenn dein Blick gereicht hätte – du wärst immer noch in Bayern gewesen.«

»Freilich«, fuhr er fort, »ist Bayern nicht so groß wie Amerika. Aber auch wir haben ein Meer, das Bayerische Meer, den Chiemsee, den die Nichtbayern, die kein richtiges Deutsch können, immer Schiemsee nennen. Und jetzt spiel wieder mit deinen Bausteinen!«

Das Thema ließ den Mann aber nun selber nicht mehr los. Er erinnerte sich, gelesen zu haben, dass es auf dieser Erde eine ganze Reihe von Staaten gäbe, die kleiner wären als Bayern, darunter Holland, Belgien, die Schweiz und Dänemark. Und außerdem, was die Lebensqualität anbelangt, gehörten wir da nicht zu den Allergrößten? Dem Mann rumorten ein paar diesbezügliche Zitate im Kopf herum, und er fing in ein paar Büchern zu blättern und zu suchen an. Da fand er bald (in »Die Bajuwaren« von Hans F. Nöhbauer) den offensichtlich von einem gelehrten bayerischen Mönch aufgeschriebenen uralten Spruch: »Extra Bavariam nulla vita, et si est vita, non est ita«, auf gut Deutsch: Außerhalb Bayerns ist kein Leben, und wenn, dann doch nicht dieses.«

Wie zur Bestätigung dieses Satzes fand sich gleich darauf (in »Die Isar vom Karwendel bis zur Donau« von Erika Groth-Schmachtenberger und Erica Schwarz) eine Hymne auf Bayern, die Bayerns erster Schriftsteller, Bischof Arbeo von Freising, um 1770 niedergeschrieben hatte: »Herrlichstes Land, erstrahlend in Anmut, überreich an Wäldern, fruchtbar an Wein, hochgewachsen und strotzend in Kraft, aber gutmütig und handsam, das Erdreich gesegnet mit Garben, Zugvieh und Herden so viel, dass sie fast den Boden bedecken, Bienen und Honig in Mengen, in den Seen und Flüssen ein Gewimmel von Fischen, das Land bewässert durch Quellen und Bäche, Salz, was man nur braucht, auch das Bergland fruchtbar und für die Weide bereitet, gute Kräuter im Überfluß, die Wälder prachtvoll besetzt mit Hirschen und Elchen und Auerochsen, mit Gemsen und Steinböcken und mit Wildzeug aller Art ...«

Bis auf Elche und Auerochsen alles noch vorhanden, denkt der Mann und verdrängt aufkommende Gedanken über vergiftete Gewässer, verpestete Luft, verbaute Landschaft, auch an Wachstums-Fetischisten, Technokraten und Macher, die um des billigen Gewinns der Gegenwart lebenswerte bayerische Zukunft aufs Spiel setzen. Trotzdem: ist von ursprünglicher Substanz, vom »Leben und leben lassen« nicht immer noch sehr viel mehr vorhanden als anderswo? Und weckt das nicht unaufhörlich die Begehrlichkeit der anderen, sodass Bayern schon lange über einen höchst einseitigen Gewinn verfügt, auf den es gern verzichten würde, den Zuwanderungsgewinn?

Wieder blättert der Mann in seinen Büchern und findet (in »Was geht mich Bayern an?« von Ludwig Schrott) auch hierzu ein paar gescheite, ja tröstliche Zeilen: »Wie oft hat Bayern schon Zugereiste in großer Zahl aus anderen deutschen Gauen und europäischen Ländern aufgenommen und verdaut. Manchmal hat es Anstände gegeben, gewiss; aber schon in der zweiten Generation waren die Fremden eben Bayern und der Pfälzer Franz von Kobell hat auf einmal in altbayerischer Zunge geredet und gedichtet, sodass wir ihn heute noch zu den Ahnherrn unserer Mundartdichtung zählen. Herrscherhäuser, die Bayerns Selbständigkeit bis zum Äußersten verteidigt haben, sind nichtbayerischen Blutes gewesen. Die assimilierende Kraft des bayerischen Volkstums kann kaum überschätzt werden ... Übrigens wandern nicht selten solche Familien nach Bayern ein, in denen schon eine gewisse Neigung zu unserem Land und unserem Volk vorhanden ist. Man bringt oft den guten Willen mit, sich hier wirklich einzubürgern. So kann es geschehen, dass derartige Wahlbayern schon heute für bayerische Belange geradezu auf die Barrikaden steigen.«

Ja, solch lobenswerte Wahlbayern kennt der Mann auch. Und erst recht stimmt er zu, wenn er weiterliest: »Es muss nur zur Kenntnis genommen werden, dass wir Bayern unsere eigene Art und Sprache nicht aufopfern wollen, und dass auch diejenigen, die zu uns kommen, einen Gewinn davon haben, wenn sie das Besondere an uns Bayern respektieren. Denn von diesem Besonderen rührt ja das her, was man vielfach bei uns sucht ...«

Aber die eigene Sprache, ist die nicht in tödlicher Gefahr, bald endgültig niedergewalzt und kaputtgemacht zu werden? In dem Buch »Liberalitas Bavariae« von Georg Lohmeier findet der Mann in dem Kapitel »Wert und Ehre der Bayerischen Sprache« schöne und wahre Worte zu diesem Thema:

»Wir brauchen die Nestwärme der angestammten Sprache, um überhaupt erst gemütlich leben zu können. Das Bier würde nicht mehr so schmecken, die Landschaft wäre nicht mehr so schön, man wäre ein Fremder unter Fremden, ohne bayerischen Laut. Denn das, was wir Heimat nennen, das ist zu allererst die Sprache ... Die Sehnsucht Heimat liegt auf der Zunge, wurzelt im uralten Klang. Vielfältig und originell, berühmt auch in den Werken eigener Dichter, voll menschlicher Wärme und barfüßiger Schönheit ist die selbständige bayerische Mundart an Ehren reich ...«

Angenehm erwärmt von seinen Lesefrüchten räumt der Mann die Bücher und den Schulatlas beiseite und holt dafür den Globus hervor, den ihm zu Weihnachten zwei aufrechte Bayernmädchen geschenkt haben. Darauf erstreckt sich neben blauen Ozeanen nichts als das Land Bayern, vom Karwendel bis hinauf nach Hof, vom Bayerischen Wald bis Aschaffenburg und Lindau. Bayreuth liegt auf diesem weißblauen Globus auf der Höhe des Nordpols, Oberstdorf nahe der Antarktis. Und er ruft seinen Sohn und sagt, mit zwei Händen diesen bayerischen Kontinent, diese bayerische Welt umfassend:

»Schau her, damit du nie wieder weinen musst – so groß ist Bayern!«

Wiegenlied für bayerische Buzerl

Schlaf, liaber Bua!
De Äugerl mach schö zua.
Im Hof hint schreit a Miezekatz,
de Haustür achzert ritzeratz.
Schlaf, liaber Bua!

Schlaf, Dirnderl, schlaf!
Dei Bärle is scho brav.
Da Mond scheint in dei Betterl nei
und legt a suibers Ketterl nei.
Schlaf, Dirnderl, schlaf!

Traam, Büaberl, traam
von Milli und von Rahm!
Bald kraaht dei kloaner Gocklhahn
na fahrst mit deiner Bocklbahn.
Traam, Büaberl, traam!

Staad, Dirnderl, staad!
A Winderl, des hat gwaaht
und schauklt 's Kleiderl aufm Strick,
morgn wart auf di a Haufn Glück.
Staad, Dirnderl, staad!

Bua, draah di um!
Da Sandmann geht durch d' Stubn.
Da Sand, den wo er bringa duat,
is in am kloana Fingerhuat.
Bua, draah di um!

Pst, kloane Maus,
as Liachterl lösch ma aus!

De Ticktack wischt de Stundn weg,
da Zoaga geht sein rundn Weg.
Pst, kloane Maus!

Pst, liaber Bua!
De Vorhäng ziahgn ma zua.
Jetz kuschl di in d' Heia nei
und mach koan kloana Weiha nei.
Pst, liaber Bua!

Schlafts all mitnand
im ganzen Bayernland!
Da Vadda, der im Himmi wohnt,
da Vadda, der im Himmi thront,
halt über eich sei Hand!

Die Jahresringe der Heimat

Klein ist die Heimat, wenn der Mensch klein ist. Das Mietshaus in der Vorstadt, der Hof davor und der Hof dahinter, das war die Heimat der ersten Jahre. Das Gittertor, auf dem wir auf und ab kraxelten, grenzte sie ab vor den Gefahren der Straße, die Durchfahrt mit den Teppichstangen auf der Seite vor der fremden Welt anderer Hinterhöfe.

Der Gagge und die Mausi, der Fredi und die Erika, der Herr Hader und die Frau Kößl und noch ein Dutzend andere bevölkerten diese erste Heimat. Ihre Kernzelle war die Wohnung im dritten Stock. Da war alles heimelig und vertraut: die blaue Küchenuhr mit der aufgemalten Windmühle, die der Reihe nach aufgehängten Waschlappen am Brunnen, der Ofen mit Kohlenkiste und Grandl, der Küchenschrank mit all seinem Inventar und Krimskrams, der Briefkastenschlitz, hinter dem man, unsichtbar geborgen, fremde Eindringlinge ausspähen konnte.

Die Mutter, selber noch jung, hemdenbügelnd und dabei von einem Mariechen singend, das ihr verlassenes Kind in den Armen wiegt, der Vater, der abends vergnügt vor sich hin pfeifend vom »Gschäft« heimkam, das waren die zwei Pfeiler, auf denen diese erste Heimat fest gegründet war.

Ein Jahr verging, zwei Jahre vergingen. Was lag hinter den beiden Toren? Mit dem Radlrutsch (heute hat man dafür das viel farblosere Wort Tretroller) erkundeten wir die Welt jenseits der Gemarkung. Wir fanden sie unserer Welt sehr ähnlich, und die Menschen dort auch. Eigentlich gab es keinen Unterschied. Da wuchs die Heimat plötzlich um einen Straßenzug.

Und dann gingen wir in die Schule. Dort fanden wir neue Freunde. Sie wohnten über ein Dutzend Straßen und Plätze verstreut. Bald spielten wir in ihren Höfen und sie in den unseren. Da wuchs die Heimat wieder, und eines Tages glaubten wir zu wissen, was unsere Heimat sei: unser Viertel, unser Stadtviertel.

Ein stolzes Gefühl durchdrang uns, weil wir gerade diese »Viertler« waren und keine anderen, und wir hänselten jene, die andere Kinos, andere Kramerläden und andere Oberlehrer hatten. Und sich auf keinen Fall mit uns vergleichen konnten.

Ein paar Jahre lang glaubten wir das allen Ernstes. Dann bröckelte auch dieser Glaube, es war halt doch nur ein »Viertelsglaube«. Am Ende meinten wir, die Stadt in ihrer Ganzheit, die uns geboren und geprägt hatte im Reden und Denken, das sei unsere Heimat.

Doch die Heimat wurde noch einmal größer, wuchs mit den Jahren weit über uns und unseren Geburtsort hinaus. Schon während der Schulzeit hatte uns so manches Buch Sinn und Herz für das Land, unser Land, geöffnet, und nun kam, als wir selber hinausfuhren, die eigene Erfahrung hinzu. Wir lernten die Welt unserer Großmütter und Großväter kennen, sahen die Kraft und Herrlichkeit des Landes, erkannten seine Ruhe und Beharrlichkeit, und auf einmal wussten wir: die Stadt allein ist's nicht, erst mit dem Land zusammen wird sie zur ganzen Heimat.

Ist also unsere Heimat die Bundesrepublik? Ich meine, dass Deutschland unser Vaterland ist, unsere

Heimat aber, in der wir daheim sind, mit dem Herzen und dem Gemüt, kann nur Bayern sein.

Buckelauf, buckelab zog ich dahin, die Vögel sangen, die junge Saat spross mit sattem Grün aus dem Boden, und da überholte ich eine alte Bäuerin, die ihr Fahrrad mühsam den Berg hinaufschob. Und ich sagte: »Grüaß di, Maam, geh, lass mi dei Radl schiam, i hob no jüngere Füaß!«

Oben angekommen, sagt sie »vergeltsgood«, und ich solle mitkommen, weil ich eine Nudel bekommen muss. Und da liegt rechterhand ein stattlicher Bauernhof, und ich sitze auf der Hausbank, auf dem Schoß eine schnurrende Katze, und esse die Schmalznudel, und wir reden über das Wetter und die weißen Tauben, die auf dem Dach in der Sonne sitzen, und wir brauchen für nichts einen Dolmetscher und spüren insgeheim: Wenn auch ich aus der Stadt komm und sie auf dem Land lebt, so sind wir doch aus dem gleichen Holz geschnitzt, sind vom selben Schlag.

Und das ist Heimat: Verständnis, Geborgenheit, Gleichklang. Von den Hinterhöfen der Kinderzeit bis zu den Bauernhöfen der Vorfahren spannt sich der weißblaue Himmel.

A boarisch Liadl

D' Harmonika holt's und d'Gitarr
und du. Sepp, mach di net so rar
und lass dei Zither klinga!
As Federgspui am Hüatl,
so wolln ma iatz a Liadl,
a boarisch Liadl singa!

A Hackbrettl is aa dabei
und mischt si in d' Begleitung drei,
des geht ins Gmüat, wahrhafti!
A Liad vom Bayernlandl
tragt halt a Hoamatgwandl, drum schmeckts so
frisch und safti!

Isar

Isar, Tochter
der Gebirge,
keltisch raunend an die Ufer,
wie oft hat
der Knabe
dir sein Träumen mitgegeben
in die Ferne
fremder Ebenen.

Dörfer, Märkte,
kleine Städte
spiegeln sich in
deinen Wellen.
Anfange springst du
ungebärdig
über Steine,
über Kiesel,
später wirst du
weise, leise,
würdig strömst du
deiner Schwester,
fliesst der großen
Donau zu.

Hältst im Laufen
hältst im Gleiten
oberes und
untres Bayern
fest zusammen,
gürtest in der Mitten jeden

Tag aufs neu
die Hauptstadt.

Isar, Bayerns
altes
ewig junges
immergrünes
Schärpenband!

Der Isar anderes Ende

Jedes Trumm hat zwei Enden, jedes Ding fängt irgendwo an und hört irgendwo auf. Allzu lang hatten wir von dem muntern Ding Isar nur die Mitte gekannt.

Wie oft hatten wir als Buben unser Radl über die Großhesseloher Brücke geschoben und dabei der Versuchung nicht widerstehen können, die grüne Bandnudel tief unter uns mit unserm Spuckerling anzureichern. Der Wind beutelte ihn während des langen Falls, doch vom Oberlehrer Holzapfel wussten wir es: vielleicht schon in ein paar Wochen würde unsere geringe Gabe im Schwarzen Meer schwimmen, als Dunst aufsteigen, als Regen wieder fallen. Ungeheuerlich, wie wir eingriffen in das Gefüge der Welt, wie wir einbezogen waren in die ewigen Gesetze!

Der Isar Mitte begleitete unser Aufwachsen. Ludwigsbrücke, Friedensengel, Aumeister, die Schinderbrücke, der Flaucher und die Flossländе, die Burg Grünwald und der Georgenstein. In schnellen Sprüngen hüpften unsere flachen Kiesel von einem Ufer zum andern, gschwanzig trugen uns die Isarwellen im Maria Einsiedel dahin, im Winter kratzten unsere Schlittschuhe das Eis in der Hinterbrühl.

Vom Anfang und Ende aber wussten wir bis vor kurzem nur vom Hörensagen. Endlich trieb uns, die mit Isarwasser Getauften, fast so etwas wie Schuldgefühl, den Ursprung aufzusuchen, den Ort, wo alles seinen Anfang nimmt – im hintersten Karwendel.

Doch bekam die arme Seele damit Ruhe? Nein! Jetzt, wo wir den einen Zipfel in der Hand hielten, begann uns der fehlende zweite zu beunruhigen. Mit

Macht trieb es uns, nach der Quelle nun auch an der Mündung zu stehen, auch dort einen »Stein der Erinnerung« zu heben, nach Hause zu tragen und neben den andern, den Quellstein, zu legen, um so das Ende zum Anfang zu fügen.

Hand aufs Herz: wer war schon je einmal im niederbayerischen Landau an der Isar oder in Plattling, wer ist an Dingolfing und Deggendorf nicht bloß vorbeigefahren, wer kennt die alten Benediktinerstätten Metten und Niederaltaich? Zu Freising, Moosburg und – fürstenhochzeithalber – zu Landshut mag es gerade noch reichen, aber dann ist aller weiterer Isarlauf für die meisten Isar-Athener auch schon zu Ende.

Und ist doch Niederbayern Bayerns eigentlicher Anfang, und wo sonst als in diesem uralten Bauernland mit seinen fruchtbaren Böden könnte der bajuwarische Urschrei erklungen sein? So fängts um Landau links und rechts unserer verflossenen Münchnerin gehäuft zu klingen und zu »innen« an, dass einem die Namen der Dörfer wie auf der Zunge zergehen: Mamming, Ustarling, Pilsting, Waibling, Zulling, Höcking, Wimsing, Gosselding, Frammering, Zeholfing, Wimpersing, Ettling, Haidlfing, Pöring, Bamling, Bachling, Kapfing, Lailling, Otzing, Penzling, Ottmaring ...

Dazwischen die alten Märkte und kleinen Städte mit der Weite und giebelbewegten Behaglichkeit ihrer Plätze, ihren mauerdicken Kirchen und hochragenden Türmen, ihren mächtigen Brauhäusern, plätschernden Brunnen und blumenumrankten Mariensäulen, zusammengewachsen aus Bauerngulden, Bürgerstolz und Handwerkerfleiß. Landstädte, die sich selber genug sind und sogar neuzeitliche Betonprotzereien von Sparkassen und Banken – dass Geld neuerdings oft mit so wenig Geschmack verbunden ist? – verkraften.

Die kleine Schwester der Isar, die Vils, nähert sich ihr bei Landau, das sich behäbig auf einem Buckel über der Isar breitet, auf sechs Kilometer. Aber die windungsreiche Kleine hat auch ihren Stolz, murmelt auf einmal »ällalätsch«, schwenkt nach Osten und sucht sich ihren Weg zur Donau allein.

Das Bauernland zwischen Isar und Vils ist lange Zeit bewegt wie ein Mittelgebirge. Allenthalben kurzes, aber steiles buckelauf-buckelab. Wie eine Karussellfahrt ist's der Isarmündung entgegen. Dörferl mit barockem Zwiebelturm, ziegelrote Dächer und weiße Mauern, kleine Häusl, denen ein Vorgarten beschauliche Zufriedenheit verleiht, dann wieder weitausladende Viereckhöfe, wahre Bauernburgen. Am Horizont schon die dunkle Linie der Waldberge. Alte Isar, fällt dir da nicht deine Kindheit im Karwendel, deine Jugend um Vorderriß und Tölz ein?

Nach Oberpöring atmet das Land aus zu ernteschwerer Gäubodenweite. Wir sind im Zuckerrübenland um Plattling. Hochaufgeschichtet liegen die »Ruam« auf den Wagen, die der Traktor von den Feldern zieht. »Achtung Zuckerrübenanbauer, heute Nacht drohende Frostgefahr!« Wem fällt hier nicht dieser Warnruf des Rundfunks ein für diese oft schon vom Novembernebel verschleierte allerletzte Ernte im weiß-blauen Land?

Hier sind, ehe es zu spät ist, endlich auch ein paar Orte, denen die Isar den Namen gegeben hat: Kurzenisarhofen, Langenisarhofen, Isarau, Isarmünd. Letzte Dokumente der Selbständigkeit.

Über Aholming – Plattling lassen wir links liegen –, Moos und Sammern kommen wir nach Isarmünd. Ein paar alte Bauernhöfe, dann noch ein letzter; ein einsames Sandstraßerl und bald das Schild, das die Weiterfahrt verbietet. Wie die Quelle, so ist auch die Mündung nur zu Fuß zu erreichen.

Man hat der Isar das barocke Jubilate Mettens oder Niederaltaichs, man hat ihr das schöne Deggendorf gewünscht. Doch sie duldete keinen Ort an ihrem Einfluss, schreckte Siedlungswillige immer wieder mit Rückstau und Überschwemmungen. So ist ihr Ende wie der Ursprung. Einsam und allein geht sie den letzten Weg, duldet am Schluss kein Dorf, kein Gehöft mehr in ihrer Nähe.

Poetisch-melancholisch ist der letzte Kilometer Wegs zu ihr. Ein schmaler Weg durchmisst einen Laubwald, aus dem Pappeln und Ulmen herausragen. Endlich zur Linken ein abgeerntetes Maisfeld, stopplig wie das Gesicht eines alten Landstreichers, rechts buschige Au, aus der mit schwerem Flügelschlag ein Wasservogel streicht.

Dann stehen wir am Ufer, begleiten die Isar ihre letzten 200 Meter bis zur Donau. Im spitzen Winkel nähert sie sich, sichtlich schneller zu Fuß als die große Schwester. Noch eine letzte kleine Insel, aus der hohe Gräser aus Steinen herauswachsen, trennt die Wasser, dann werden sie eins, fließen mitsammen weiter gen Passau zu.

283 Kilometer Eigenständigkeit sind zu Ende, über 1400 Meter Höhe überwunden. Auch Amper und

Würm, altvertraut, begrüßen wir, wenn wir hier ein letztes Mal die Hand ins Wasser legen. Grün ist es schon lange nicht mehr, der Jugend heller Glanz ist erloschen.

Aus dem Dunst baut sich der Pfeiler einer nahe gelegenen Donaubrücke über der Isarmündung auf, dahinter steigen die Waldberge an. Dort, wo sich die Wasser mischen, steht wie eine Statue ein Fischer auf einer Kiesbank. Wirds ein Donau- oder Isarfisch sein, der ihm an die Angel geht?

Wir könnens nicht mehr abwarten. Schon fällt die Dämmerung ein. Den bewussten Stein suchen wir aber noch mit Sorgfalt aus. Glatt wie Marmor ist er, von hellem Beige mit einer ockerfarbenen Maserung. Leb wohl, altes Mädchen! Jetzt wissen wir alles von dir, und jetzt, endlich, gehörst du uns ganz!

Damals

Frühling in der Steinzeit

Ich erinnere mich noch gut an die Steinzeit und an die Freude, die wir damaligen Steinzeitmenschen empfanden, wenn der Frühling ins Land kam. Ich bewohnte in dieser lange zurückliegenden Zeit mit meiner Frau Grunziwack, geb. Knollnase, eine geräumige Dreizimmerhöhle am Isarsteilufer nahe Strasslach. Wir hatten sogar schon fließendes Wasser – an den Wänden. Die ganze Etage hatte lediglich eine tiefe Fleischwunde an der Schulter gekostet, als ich die Vormieter, eine Bärenfamilie, daraus vertrieb.

Nun muß ich Ihnen Grunziwack näher vorstellen. Sie entstammte einer angesehenen Höhlenfamilie aus Untergiesing. Bei einem Wettbewerb im Steinschleudern im heutigen Steinhausen hatte ich sie zum ersten Mal gesehen. Sie war in der Damenklasse Letzte geworden, und ich in der Herrenklasse Einundsiebzigster unter 71 Teilnehmern. So hatten wir uns kennen und lieben gelernt.

Besonders gut erinnere ich mich noch an den 30. März vor genau 100 000 Jahren. Grunziwack hatte sich aufgemacht, frische Kräuter zu sammeln. Nach der ewigen Tannenzweigsuppe und den eingefrorenen Rüben mit Wurzelkompott sehnten wir uns nach vitaminreicher Frischkost. »Gib aber auf die Wölfe obacht«, rief ich ihr beim Fortgehen nach, »nicht dass du wieder mit zerrissenem Unterrock nach Hause kommst!« Denn ich war von Beruf Schneider, besser gesagt Couturier, und verachtete Flickarbeit.

Heute noch heiße ich Schneider, übe aber diesen Beruf nicht mehr aus. Aus alter Anhänglichkeit spielte ich aber in meiner Jugend sehr gerne »Schneider, Schneider, leih mir dei Scher!«, wie mir auch die anderen Kinder oft in ehrender Absicht »Schneidergoaß« nachriefen.

In der Steinzeit aber war ich noch Berufsschneider und Modeschöpfer dazu. Unter anderem hatte ich die Sackmode erfunden und den Schafari-Look, der die Schaffelle erstmals mit der Wolle nach innen verwendete, worauf der Rheumatismus in der ganzen damals bekannten Welt schlagartig zurückging.

Ich arbeitete in erster Linie für die Isartaler, die Würmtaler und die Ampertaler, aber auch Neandertaler waren unter meiner Kundschaft. Ich mochte sie aber nicht besonders. Sie waren schwere Angeber, behaupteten, die berühmtesten aller Taler zu sein und stellten immer besondere Ansprüche.

Daneben hatte ich eine dichterische Ader. Natürlich waren seinerzeit die Ausdrucksmöglichkeiten noch nicht so groß wie heute. Reime und Fremdwörter waren unbekannt, Bonmots nicht gewollt, sondern rein zufällig.

Ich entsinne mich gut, dass ich an jenem 30. März vor 100 000 Jahren ein Poem mit einem Meißel in die Wohnzimmerwand schlug, das oft noch das Entzücken meiner Kundschaft hervorrufen sollte. Es lautete: »Wuriwuri gallibum, riti-rati ätschi-bätsch!« In die heutige Sprache übersetzt bedeutet das dem Sinn nach: »Nun, grimmiger Winter, da dich der Frühling mit wärmender Sonne ereilt, wirst du gewisslich das Nachsehen haben!«

Interessant ist, dass sich das Wort »ätschibätsch« als neckender Zuruf kindlicher Schadenfreude bis auf den heutigen Tag erhalten hat, während fast alles andere Steinzeit-Wortgut mit Beginn der Bronzezeit mehr und mehr von metallischen Wörtern abgelöst wurde.

Wie dem auch sei, mein Gedicht fand solchen Anklang, dass ich in den Tukankreis aufgenommen wurde, der seine Versammlungshöhle damals im Sulzthal hatte.

Dies aber nur nebenbei. Was ich eigentlich erzählen wollte, ist das folgende: Als meine Frau Grunziwack vom Kräutersammeln heimkam, brachte sie aus der Gegend des heutigen Großdingharting einen Korb herrlich junger Brennnesseln mit nach Hause, dazu einen Fisch, den sie mit bloßen Händen im Deininger Weiher gefangen hatte. Und während ich weiter an der neuen Kollektion für den Sommer arbeitete, begann sie uns ein herrliches Mittagessen zu bereiten.

Wunderbar warm schien die Märzensonne auf unsere Terrasse. Wir rollten den Steintisch hinaus und die Steinhocker. Das erstemal nach den langen Wintermonaten wurde das Mampfi (Essen) wieder im Freien serviert.

Unten rauschte die Isar ihr uraltes Lied. Die Weiden am Ufer trugen ein frisches grünes Blätterkleid und die Vöglein jubilierten um die Wette. Der Brennnesselsalat war erstklassig, der gegrillte Fisch ein Fest!

Waren die Steinzeitmenschen Roboter? Nein! Nach dem Mahl breiteten wir die Felle aus zum Sonnenbaden. Lange, ehe die Pupplinger Au ihren Namen bekam, kannten wir sie schon, die FKK, die Freikörperkultur.

Angenehm erregt vom Brennnesselsalat sagte ich zu Grunziwack: »Miriku datschi?« (Hast du mein Poem an der Wohnzimmerwand gelesen?), um fortzufahren: »Diriku!« (Es sei dir geweiht).

Da strich sie mit ihrer feinen grobknochigen Hand über meine fliehende Stirn und meinte zärtlich: »Wuziduzikaj«, was in modernes Deutsch übersetzt dem Sinne nach heißt: »let's do it!«

Und da der Frühling in und vor anderen Höhlen sicher das Nämliche bewirkte, so ist es denn gekommen, dass wir damals, trotz widriger Umstände, nicht ausgestorben sind, sondern uns über all die verschiedenen Stein-, Eis- und Metallzeiten fortpflanzen konnten bis auf den heutigen Tag.

Wenn Sie sich ein bisschen anstrengen, dann werden Sie sich vielleicht auch an diesen sagenhaften Frühling vor 100 000 Jahren erinnern können. Oder meinen Sie, dass es eher der 1. April gewesen sein könnte?

In nebelverhangener Vorzeit

Der Läufer hatte sich von der Loipe gelöst, spurte aufs Geratewohl durch den feinkörnigen Schnee. Manchmal knirschten die Skier unter seinem harten Tritt; dem Mann kam es wie ein verhaltenes Jauchzen vor.

Längst hatte er die Orientierung verloren. Ein feines Gespinst von Nebel hing über dem Land, doch darüber, im Graublau des Himmels, ahnte man die Sonne.

Bäume griffen mit kahlen Ästen nach ihm, umrieselten ihn mit Reif. Einsame Heustadel schienen ihm entgegenzulaufen. Dann baute sich die dunkle Mauer eines Waldes vor ihm auf. Von einem Eichelhäher bespöttelt, suchte er eine Schneise.

Als er wieder freies Feld erreichte, schälten sich seitlich die Umrisse einer Ortschaft aus dem Grau. Er hörte einen Hund bellen, eine Säge kreischen.

Den Mann überkam ganz plötzlich eine Vision: dass diese Höfe mit ihren Schuppen und Stadeln, denen der Nebel alle Errungenschaften des technischen Zeitalters weggezaubert zu haben schien, immer noch dieselben wären wie im alten Germanien.

Indes er weiterlief, sah er sich einen dieser Höfe betreten und mit Bauersleuten, die sich Ruodlieb und Heidrun nannten, unterhalten. Eine uralte Sprache klang in sein Ohr. Im offenen Herdfeuer hing ein Kessel, aus dem ihm die Frau dampfenden Gerstenbrei in eine irdene Schale schöpfte. Und da machte er den Rucksack auf und holte als Gegengeschenk eine Tafel Schokolade heraus. Der Bauer wickelte sie verwundert auf, roch daran und gab sie an die Kinder weiter, die ihn mit großen blauen Augen anstarrten.

Allmählich nistete sich Dämmerung in den Nebel. Der Mann lief und lief. Da kommt ihm ein kleines Mädchen mit einem Schlitten entgegen. Der Mann schaut erstaunt. Ist das nicht eines der Kinder, die er gerade zuvor in seinen Gedanken vor sich gesehen hatte? Dasselbe rotbackige Gesicht, dieselben blonden Zöpfe?

»Von wo bist du denn her?«

»Von da vorn!«

»Und wie heißt man's da?«

»Jogganeiading.«

Jogganeiading! Diesen Namen hatte der Mann noch nie gehört. Hatte er sich nicht nur in der Gegend, sondern auch in der Zeit verlaufen, vielleicht um tausend Jahre. Lief er in Wirklichkeit durch verschneites, nebelverhangenes Germanien?

Als die Dämmerung immer dichter in den Nebel dringt, hält der Mann auf ein Dorf zu, das er mehr ahnt als sieht. In der Wirtschaft erklärt sich der Sohn bereit, ihn gegen Entgelt mit seinem Auto zu jenem Bahnhof zu fahren, von dem aus er seine winterliche Expedition begonnen hatte.

»Gibts in dieser Gegend einen Ort namens Jogganeiading?« fragte er unterwegs.

»Freilich, aber nur die Einheimischen nennen ihn so.«

»Und die andern?«

»Jakobneuharting«, sagte der junge Mann.

Mögen manche Kundfahrten mit größeren Erkenntnissen enden, in weitere Fernen führen; der Mann zählt diesen Lauf zu seinen unvergesslichen Erlebnissen.

Die Unschuld jenes Tages

Fromm und fremd, weit entfernt vom Heute, klebt er im Familienalbum. Er trägt ein dunkelblaues Kniehosen-Anzügerl, gut groß zum Hineinwachsen, und in der Hand hält er das frisch verliehene Zepter des lieben Gottes, die Kommunionkerze. Im Hintergrund, auf einen Stuhl drapiert, prunkt eine Torte und »zur Erinnerung an Euren Stadtpfarrer Peter Widmann« ein goldgerahmtes Bild, darstellend das Abendmahl.

Er und ich, vor langer Zeit waren wir eins. Viele angestaubte Vorhänge müssen zur Seite geschoben werden, bis sich die zwei Figuren decken, bis die alten Bilder wieder heraufsteigen ...

Geschneidert hat das Anzügerl der alte Herr Knab, der auf Nummer 43 gewohnt hat. In die Hose hat er ein doppeltes Gesäß gemacht, weil er mir nicht getraut hat. Schwarze Lackschuhe habe ich auch bekommen, auch weiße Handschuhe und eine blaue Schirmmütze.

»Ausschauen tust wie der Lord Semmelbrösel«, hat mein Vater gesagt.

Mir war das gar nicht recht, dass er so daherredet, wenn's auch bloß zum Spaß gewesen ist. Denn ich hab damals ein Gewissen gehabt, das war so fein eingestellt wie eine Apothekerwaag. Sogar ein Liebespärchen am abendlichen Gollierplatz hab ich gebeichtet. Aber dann, am Kommuniontag selber, wär beinah alles zu Ende gewesen, bevor es überhaupt angefangen hat. Schenkt mir doch die Milchfrau in ihrer Einfalt ein Pfefferminzguatl! Und ich Lalli steck's in den Mund und lutsche es bis hinauf in den dritten Stock! Wahrscheinlich war's der Teufel selber, der mir auf einmal schadenfroh ins Ohr geflüstert hat: Ällalätsch, jetzt bist nimmer nüchtern, jetzt hast a Todsünd, jetzt darfst nimmer kommunizieren! Ausspie ich da die Kugel des Beelzebub, ein Schluchzen stieg hoch, weinend fiel ich der Mutter in die Arme. »Was hat er denn, der Bua?« fragte der Vater. Stockend kam das furchtbare Vergehen ans Licht.

Alle sagten, das bisserl Wasser mache nichts, außerdem sei es ja nicht mit Absicht geschehen. Ich aber weigerte mich, aus dem Haus zu gehen. Elend saß ich auf dem Küchenhocker. Ja, wenn da die gute Mutter nicht gewesen wär! Sie eilte hinüber ins Pfarrhaus, läutete den Kaplan Haselwimmer heraus, gestand ihm meine Sünde. Und kam mit der frohen Botschaft zurück, dass mir verziehen sei. Ein ganzer Steinbruch fiel mir da vom Herzen. Und schnell nahm ich die Kerze, brachte sie in die Senkrechte und knarzte mit meinen neuen Schuhen glückselig davon.

Lauter Heilige waren um mich, als wir mit brennenden Kerzen in die Rupertus-Kirche einzogen: der Zwick-Karli, der mir vor einer Woche noch 20 Zigarettenbilder gezwickt hatte, der Gensmantel-Kurti, sonst Anführer einer mit Stöcken bewaffneten Räuberbande, die Wildermuth-Gretl, das Verklaghaferl, und all die anderen kleinen Sünder und Sünderinnen aus den Vor- und Hinterhöfen, die einen in blauem Tuch, die anderen mit Kranzerl und weißen Kleidchen. Durch die Kirchenfenster fiel gebündelter Sonnenschein, auf der Kanzel stand die mächtige Gestalt des Stadtpfarrers. Er predigte von dem Licht, das der liebe Gott in uns angezündet habe und das rein in unseren Herzen brennen solle wie die Flamme der Kommunionkerze.

Am Nachmittag kamen Onkel und Tanten zum Kaffee. Den größten Eindruck machte auf mich der Onkel Hans aus Niederbayern, der nicht »die Torte« sagte, sondern »der Dartn«. Er aß vier Stück davon, verlangte dann nach Bier und stimmte schließlich, da Kriegsveteran, alte Soldatengesänge an, in die bald die anderen einstimmten. Bei dem Lied »Grüß Gott, grüß Gott, Frau Jägerin, heute Nacht schlaf ich bei dir!« schlich ich mich unbemerkt davon.

Ganz allein für mich ging ich in meinem neuen Anzug zur Bergmannstraße vor, vorbei an der Schule, dann die Kazmairstraße zurück und schwenkte in die Trappentreustraße ein. Nur ein paar Leute waren an diesem stillen Sonntagnachmittag unterwegs. Ich schritt so leicht dahin, wie ich seitdem wohl nie mehr gegangen bin. Dass ich nicht schwebte, daran hinderte mich eine Art von süßer Schwere, ein leises Ziehen in der Brust, eine ferne Ahnung, dass es so nie wieder sein, dass die Zeit vergehen würde, unaufhaltsam, und mit ihr die Unschuld dieses Tages.

Die Liebe der Bavaria

Leut, vernehmt die grause Mär
von der Dame hoch und hehr,
die auf einem Sockel stund
und koan Schritt nicht awikunnt.

Alle Menschen wissens ja,
dies ist die Bavaria.
Ihr zur Seit ein Löwe wacht
wie am Tage, so bei Nacht.

Als die Wiesn einst begann,
rollten Zirkuswagen an.
Dabei war mit frohem Mut
auch ein Mann aus Liliput.

Wie das Schicksal grausam oft
mit der Lieb spielt unverhofft,
weiß die Frau Bavaria
plötzlich nicht, wie ihr geschah.

Zu dem Mann, klein von Gestalt,
drängt es sie mit Urgewalt.
Und ihr Corpus, der aus Erz,
zitterte vor Wonneschmerz.

Wem dies nicht das Herz anrührt,
hat die Liebe nie gespürt!
Wenn sie ihn nur treffen kaannt,
wär das zünftig, wär das gwandt!

In der Nacht wollt sie davon,
doch der grimme Wüstensohn

beißt sie in den Unterrock.
(Dies geschah um zwei o'clock).

Mann aus Liliput, so klein,
fühlst du ihre Liebespein?
Anderntags macht er sich auf
und steigt schnell die Stufen nauf.

Fiebernd löst er ein Billett,
wenn ers nur net gnommen hätt!
Drauf eilt er, der winzig Tropf,
in den hohlen Weiberkopf.

Warum bebest du denn so,
du Geschöpf von Schwanthalo?
Wie ein Kocherl, zu dem spät
ein Suldat ins Kammerl geht!

Ach, die Frau Bavaria
war fürwahr dem Wahnsinn nah!
Als er ihren Mund erklimmt,
aber noch das Schlimmste kimmt!

Aufgepeitscht von wildem Glück,
küsst sie ihn in das Genick.
Aber weh, ihr Ungestüm
brach es ihm, ach brach es ihm!

Tränen rinnen groß und schwer
und zerplatzen im Parterr.
Denn auch jede Sanität
käm in diesem Fall zu spät!

Seitdem gibt sie nimmermehr
ihren armen Liebsten her.

Leider kann man ihn nicht sehn
hinter ihre eisern Zähn!

Die Moral von der Geschicht:
Steig auf die Bavaria nicht!
Wenns ihr einfällt, dass' dich küsst,
bist auf immerdar vermisst!

Weißblaue Steppenwölfe

Meine Tante Oliv hat nicht nur einen exzentrischen Vornamen, sondern auch hervortretende Backenknochen, eine fahle, ins Gelbliche spielende Haut, kohlschwarze Haare und dunkle Schlitzäugerl. Wenn sie nicht ein so waschechtes Niederbayrisch spräche, hätte man sie in ihrer Jugend Maienblüte ohne weiteres als mongolische Prinzessin verkaufen können.

Wer mit offenen Augen – womöglich selber mit Schlitzaugen – durchs Bayernland fährt, trifft in bestimmten Gegenden immer wieder auf Gestalten, die vom Äußeren her keinen Verwandten zu Germanen oder Kelten haben. Im Voralpenland zwischen Augsburg und dem Inn, aber auch im Schwäbischen und jenseits der Donau den Bayerischen Wald hinauf sind sie anzutreffen. Ei, wo kommen denn diese weißblauen Steppenwölfe bloß her?

Da gibt es zwei Theorien. Die erste: Die germanischen Einwanderer führten sie bereits als »Beutebayern« mit sich. Als Hausmägde und Kuhhirten verrichteten sie niedere Dienste, ohne aber deshalb auf die Annehmlichkeiten der Fortpflanzung zu verzichten.

Die zweite These: Nach der Ungarn-Schlacht am Lechfeld im Jahr 955, die bekanntlich Otto der Große gewann, flüchteten die besiegten Reiterhorden in wilder Panik. Und da nun schnappten sich die Bauern entlang des Fluchtweges Ross und Reiter und gliederten sie, wie man heute sagen würde, in den Arbeitsprozess ein. Denn jeder musste damals zusehen, wo er blieb.

Alle Achtung jedenfalls vor den Weitgerittenen, die trotz aller seitdem stattgefundenen Vermischungen ihre Backenknochen und kohlschwarzen Haare bis heute durchsetzen konnten.

Da ich nicht leugnen kann, mit der Tante Oliv verwandt zu sein, muss ich mich fragen, ob vielleicht auch ich Steppenreiterblut in den Adern hab. Eine gewisse Vorliebe für Tatar scheint da nicht unverdächtig. Das Blut aus dem Osten könnte auf folgende Weise in meinen Stammbaum gekommen sein:

Eines trüben Nachts im Jahre 955 nach Christus hörte der Huberbauer von Mirskofen ein Klopfen und Scharren an der Tür. Er nahm einen dicken Prügel zur Hand und schob den Riegel zurück. Vor ihm stand ein junger fremder Krieger mit einer klaffenden Wunde am Arm, der ein Pferd am Zügel führte. Er sagte sinngemäß: »Du mir geben Suppe für mich und Hafer für mein Pferd, ich dafür dir geben Gold.« Denn es war ein Magyarenprinz, der Schlacht am Lechfeld entronnen.

Nun hatte der Huberbauer eine wunderschöne Tochter. Sie hatte Haare hell wie ein Weizenfeld und hieß Irmingard. Sie erbarmte sich des Jünglings und bat ihren Vater, ihn gesundpflegen zu dürfen. Denn er hatte edle Gesichtszüge und sah total anders aus als die Lackln aus der Nachbarschaft. In Erwartung weiteren Goldes willigte der Vater ein.

Natürlich verliebten sich die beiden ineinander. Bald nannte Irmingard ihn zärtlich »Buale«. Nach seiner Genesung kaufte er mit dem Gold, das er immer noch in seinem Brustbeutel trug, im nahen Haslbach einen schönen Viereckhof mit 300 Tagwerk Grund und heiratete seine Irmitschka.

So ungefähr stelle ich mir zwei Urahnen von Tante Oliv (und mir) vor. Doch wenn es bloß ein ungarischer Schafhirte und eine biedere Hausmagd mit Plattfüßen gewesen wären, soll's mir auch recht sein. Denn man muss seine Vorfahren nehmen, woher sie kamen. Ob es nun bayerische Bauernschädel sind oder keltische Kellnerinnen, römische Legionäre aus Assyrien oder Gulaschköchinnen aus der Pußta, machen kann man dagegen im nachhinein nichts mehr!

Vergelts God

Urahndl,
des hast wohl guat gmacht
im Dreißgjahrign Kriag:
dass d' de Schwedn grocha,
di für etli Wocha
z'tiafst im Wald verkrocha
hast, de dein danebn.
Brenna tean de Haiser.
Mehr wia Fürst und Kaiser
ham mir dir z' verdanga:
Leib und Lebn!

Urahndl,
des hast abermois guat gmacht
im Dreißgjahrign Kriag:
dass d' denselln Soldatn,
der an Schlupf daratn
und scho d' Kugl gladn,
mit da Saans daschlagn!
Brenna tean de Hüttn,
und da huift koa Bittn.
Ahndl, da hast woi
dei Packl tragn!

Urahndl,
und des hast aa guat gmacht
im Dreißgjahrign Kriag:
Wia de Pest umganga,
tragn s' vui Leit an Anga,
lasst dein Buam net fanga
vom Gevatter Tod.

Saast a Korn am Acka,
neba deiner d' Hacka,
schaffst a Milli eahm
und aara Brot.

Urahndl,
wo werst du wohl gstorbn sei
im Dreißgjahrign Kriag?
Da soin jedn Summa
wuide Rosn kumma
und soin Imkn summa
um de Blüah so rot.
Brennt habn oft no d' Haiser
für an Herrn, an Kaiser.
Nia war d' Not so groß!
Vergelts dir God!

Das Lied, das aus der Küche klang

Es gab einmal eine Zeit, die reich an Dienstmädchen war. Trotz der aufs Ausnutzen erpichten »Herrschaft« waren diese Dinger meist guter Dinge und trällerten beim Bügeln und Abspülen, beim Fensterputzen und Nasenputzen (der Kinder) munter vor sich hin.

Liebe und Leid waren die vorherrschenden Themen dieser Küchenlieder, die von Bettelmusikanten, Bänkelsängern und Hinterhof-Carusos von Ort zu Ort getragen und bald überall in den Bügelstuben und Küchen, meist zweistimmig mit der »Gnädigen«, nachgesungen wurden. Sex kam darin kaum vor, es sei denn in so allgemeiner Form, wie »Heinrich schlief bei seiner Neuvermählten« oder »Vom vielen Tanzen war sie müde, sie legt sich nieder auf ein Bett; da kam ein Leutnant von der Garde und raubte ihr die Unschuld weg«.

Um so drastischer wurden die Folgen geschildert: »Und er hat ihr Treu geschworen, dieser falsche Mann. Lina hat ein Kind geboren, und sie starb daran.« Oder: »Sie war ein Mädchen von 18 Jahren, verführt von eines Jünglings Hand, sie musste schon so früh erfahren, was falsche Liebe angebrannt.« Das traurige Ende vom Lied: die Verlassene legt ihr Haupt auf die Schienen. Zwar bremst der Schaffner »mit gewalt'ger Hand, jedoch der Zug, der blieb nicht stehen, ein Haupt rollt blutrot in den Sand.«

Die Pille lag noch im dunklen Schoß der Zukunft, als der kühne Rinaldo Rinaldini im Schoße der Geliebten ruhte. Wahrscheinlich hold errötend gesteht seine Rosa in der letzten Strophe: »Rinaldini, lieber Räuber, raubst den Weibern Herz und Ruh. Ach wie schrecklich in dem Kampfe, wie verliebt im Schoß bist du!«

Hernach aber immer diese schreckliche Ungewissheit! Ein ganzes Lied rankt sich um die Frage, ob es »von einmal« schon sein könne. Da heißt es: »Lieschen, deine Wangen bleichen, sprach die Mutter einst. Kind, das sind sehr trübe Zeichen, sprich, warum du weinst!« Und der Refrain dazu: ja ja ja ach ja, 's ist traurig aber wahr, nein nein nein ach nein, von einmal da kann es nicht sein!«

Ein blasses Weib ging dazumal durch des Tales Gründe und suchte ohne den geringsten Erfolg »die Blum der Männertreu«, und weil diese Blume unauffindbar blieb, saß ja auch Mariechen weinend im Garten, während im Grase schlummernd das Andenken lag.

An harte Elternherzen wandte sich das Lied von der Müllerliesl und dem Müllerburschen. Harmlos beginnt es mit der stimmungsvollen Strophe: »Unter Erlen stand ne Mühle und im. Tal das Wasser rauscht, und in stiller Mondnacht Kühle steht ein Müllerbursch und lauscht.« Da huscht das Lieschen heran und flüstert ihm zu: »Ich darf dich nicht mehr lieben, lebe wohl, vergiss mein nicht!« Dann eilt sie davon und stürzt sich in des Mühlbachs tiefsten Grund, ihr nach der Müllerbursch. In der Mühle aber weint man nun um die verlorene Tochter. Das Lied schließt mit der Mahnung: »Drum, ihr Eltern lasst euch raten, störet nicht der Kinder Glück, denkt an eure jugendtage, denkt an euch, an euch zurück!«

Durch viele dieser Lieder weht ein Hauch von Romantik, ein Eichendorffscher Atem, der sie uns lieb macht wie die Erinnerung an ein verlorenes Paradies. Diese Lieder schlagen eine Brücke zu unseren Großeltern und Urgroßeltern, und gar mancher erfreut sich an ihnen wie an alten Bauernschränken und bemalten Himmelbetten. Da singt der alte Mann von seiner Jugend schönstem Traum, den er als Waidmannssohn zwischen Fichten und Föhren, bei Drosselsang und Jagd verlebt hat. Zu Tode getroffen liegt das Rehlein vor ihm, er aber »nahm die Büchse, schlug sie an den Baum, und sprach, das Leben ist ja nur ein Traum«.

Viele von uns hörten noch die Mutter das Lied von der Gärtnersfrau (so hold, so bleich) singen, die nicht um der Veilchen Dunkelblau weint, sondern ihrer Untreue wegen, als der Geliebte nach langer Wanderschaft vor ihr steht und gebrochen weiterziehen muss: »Mit dem Blumenstrauß wohl in der Hand, muss ich ziehen durch das ganze Land, bis dereinst mein müdes Auge bricht, Schatz leb wohl, vergiss den Wandrer nicht.« Oder jene andere herzergreifende Ballade von einer Mutter, die ihren auf dem Schlachtfeld verwundeten Sohn in einem Kloster findet und die mit der schönen Strophe beginnt: »Leise tönt die Abendglocke, die Natur sie geht zur Ruh, Vöglein sangen Abschiedslieder, Sonne sank nach Westen zu.«

Trost schöpfen konnte man aus Liedern, die von solch traurigen Schicksalen erzählten, dass daneben das eigene Los erträglich schien. Da schleicht sich zur Winterszeit, »verlassen von der ganzen Welt, kein Stückerl Brot auf freiem Feld« ein armer Woaslbua dem Friedhof zu, hebt die Handerl zum Gebet und fleht: »Herr nimm mich in Dein Paradies, wo gwiss mei Muatterl z'finden is.«

In einem anderen Lied werden, wiederum bei strengstem Winter und ohne ein Stück Brot im Haus, sechs Waisen aus der Wohnung gewiesen. Nach jeder Strophe, eine immer tragischer als die andere, kommt der Refrain: »Das sind Gefühle, die man nie vergessen kann!«

Dann das bedauernswerte Bergmannkind. Wie es mit schwachen Armen und bleichen Wangen vor dem Haus steht, aber dennoch fröhlich spricht: »Ach Muatterl, wenn die Glocken läuten, da kommt der Vater wieder heim!« Doch diesmal klingt die Glocke vom Turm, ohne ihn wiederzubringen. Ein Bergmannsleben ist zur Ruh gegangen, und bitter weinend bricht das Kind, »verklungen kaum des Priesters Reim«, in die Klage aus: »Ach Muatterl, wenn die Glocken läuten, da kommt der Vater nie mehr heim!«

Was diesen Ärmsten schließlich noch blieb, das war die Rasenbank am Elterngrab, der liebste Platz, den sie auf Erden hatten. Und wenn darüber ein Junikäfer summte, dann richtete der Waisenknabe an ihn die herzige Bitte: »Frauenkäferl, Frauenkäferl, fliag in Himmi nauf, richt dort meinen lieben Eltern viele schöne Grüße aus!«

Wer noch erlebt hat, wie die Hofsänger zur Geige oder Mundharmonika, mit Drehorgel oder singender Säge in die grauen, von Mauern umschlossenen Gevierte die »Waldeslust« und den »Böhmerwald« unter die Teppichstangen zauberten, wird es bedauern, dass diese kleine, sentimentale Poesie, oft als Kitsch abqualifiziert, endgültig verklungen ist.

Der Kelte in uns

Wenn auf den Bergen die Sonnwendfeuer brennen, der (Alpenvereins-)Bursch sein (Alpenvereins-)Madl packt und mit ihm, den Urschrei auf den Lippen, über die auflodernden Flammen springt, und wenn dann noch einer eine verbeulte Mundharmonika aus der Tasche zieht und »La Montanara« spielt, dann vergisst unsereins die Gegenwart mit ihren Depressionen und Rezessionen und beginnt weit zurück in die Vergangenheit zu träumen, in die Jugendzeit unseres Herkommens, zurück zu den Göttern und Zeichen, die schon lange tot und vergessen sind. Oder liegen die bloß verschüttet unter der Asche wie jener Ast, den jetzt das Feuer erfasst, dass er erst zaghaft und dann immer heller zu brennen anfängt?

Die keltische Isar sind wir entlanggefahren, ehe wir den Berg unter die Stiefel genommen hatten. Als die Dämmerung herabsank, wurde der sorgfältig aufgeschichtete Holzstoß entzündet, wie es schon die Kelten hier und anderswo an ihren kultischen Festtagen getan haben mögen, zwei Jahrtausende und länger zurück.

Noch in meiner Schulzeit waren uns die Vorbewohner Bayerns, die Kelten, diskret verschwiegen worden. Wir waren, so stand es im Geschichtsbuch, und Hunderte von Jahren hatte es einer vom andern abgeschrieben, vom Lande Böhmen eingewanderte Bajuwaren, und damit basta.

Schon damals hatten einige von uns das nicht recht glauben wollen. Nein, das konnte nicht wahr sein, dass wir irgendeinmal irgendwo anders gewesen sein konnten als hier! Auf eine unerklärliche Weise fühlten wir uns als Schon-immer-Dagewesene.

Man muss der Wissenschaft nur Zeit lassen. Kaum waren 30 Jahre verstrichen, wurde unsere Vermutung glänzend bestätigt. Nun hieß es auf einmal, die Kelten seien, als die Bajuwaren einwanderten, in ihrer Grundsubstanz erhalten geblieben. Zwar wurden sie, die vermutlich sogar die Mehrheit bildeten, vorerst auf die schlechteren Böden gedrängt, doch nach ein paar Generationen werden sie sicher neben den Neuzuzüglern gleichberechtigt am Wirtshaustisch gesessen haben. Denn sie waren ja den Bajuwaren von der ersten Stunde an unentbehrlich. Erstens waren sie vorzügliche Handwerker und Bauern, zweitens wussten sie von altersher, aus welcher Ecke der gute und aus welcher der schiache Wind wehte, und drittens war das Bier, das sie zu brauen wussten, gleich süffiger als das Bajuwaren-Pils.

Beim flackernden Feuer, das mir angenehm die Vorderfront und die Phantasie erwärmt, kann ich mich gut in den keltischen Urahn jener Jahre hineinversetzen. Erfreut wird er zuerst nicht gewesen sein über die Zuzügler, das lässt sich denken. Kaum, dass sich die Römer verdrückt hatten, soll er nun den Bajuwaren zinspflichtig sein. Aber was hilft das Jammern? Besser ist es sich anzupassen. Nun, so leiht er halt wohl oder übel dem neuen Nachbarn, der sich so aufspielt, seinen zweirädrigen Pflug, der dem der Neuankömmlinge weit überlegen ist, und da diese Leute außerdem sprachunbegabt sind und weder Keltisch noch Latein verstehen, lernt er eben in kürzester Zeit ihre Sprache.

Mein gegenwärtiger Nachbar, mit ziemlicher Wahrscheinlichkeit ebenfalls Kelte, schreckt mich aus meinen Gedanken. »Wos stierst denn so traamhappad ins Feia?« fragt er. Und bei diesen Worten wird es mir auf einmal klar, wie interessant wir dazumal das Altbajuwarische verfremdet, indem wir es einfach keltisch ausgesprochen haben. Sodass es für die übrigen Germanen fast zu einer Fremdsprache wurde.

Um auf die zugewanderten Nachbarn von damals zurückzukommen: vielleicht haben sie bloß eine Tochter gehabt, und mein Sohn hat um sie gefreit. Als dann ihr Vater starb, wird es schon ganz nach Keltenbrauch eine große Leich mit einem gewaltigen Leichenschmaus gegeben haben. Nun war mein Sohn Herr von Sindlding, oder wie sie sonst ihren Weiler getauft hatten.

Und wie ich jetzt den Hans und die Hilde, die gerade übers Feuer gesprungen sind, wie selbstverständlich in den Latschen verschwinden seh, denk ich mir, dass es dazumal wohl überall eine große Fraternisation gegeben haben wird. Denn die rötlich-blonden Keltenmädchen mit ihren Pferdeschwanzfrisuren waren eine Schau, und die keltischen Burschen mit ihren damals wie heute modernen Schnauzbärten nicht minder.

Jetzt reimt sich auch auf einmal zusammen, dass die Bayern und Schwaben in der Hauptsache von irischen und schottischen Mönchen christianisiert worden sind. Es waren sozusagen keltische Landsleute von uns, von denen wir uns viel eher etwas sagen ließen.

Wenn uns die Charaktereigenschaften der Kelten aufgezählt werden, kommt einem vieles bekannt vor, ja, manchmal möchte man direkt »hier« schreien. Sie sollen gewesen sein: tapfer, streit- und rauflustig, aufbrausend, ruhmsüchtig, anpassungsfähig, schnell beleidigt und schnell entflammt, aber bald auch wieder uninteressiert; dazu große Trinker, Esser und Festefeierer. Sie liebten den Lärm, gewaltige Gesänge (Oktoberfest!) und hatten ein schauderbares, bis ins Mark der Feinde dringendes Feldgeschrei. Gerechtigkeitssinn, Erfindungsgabe, handwerkliches Können und künstlerischer Geschmack zeichneten sie aus. Auch liebten sie Schmuck, besonders dann, wenn er richtig klapperte und schepperte. Wem fällt da nicht sofort die klimpernde Talerkette unserer Bauern oder das wieder groß in Mode gekommene Charivari ein.

Das Feuer ist niedergebrannt. Langsam steigen wir durch die Nacht hinab zur Hütte. Und ich denke an jenen Abend in Irland, als ich in einer Kneipe meine keltischen Vettern ihre Lieder singen hörte in einer Sprache, die vielleicht auch einmal unsere Sprache gewesen war, und wie mir später ein weitgereister Ire sagte, dass er sich in Bayern sofort wie zu Hause fühlte, weil die Leute dort von gleicher Art und gleichem Zuschnitt wären.

Keltisches Blut, wo fließt du nicht überall: in Frankreich und Spanien, in Oberitalien und England, in Süddeutschland und Österreich, in Irland und in der Schweiz. Vor lauter Begeisterung stolperte ich über eine dicke Wurzel, und da fließt es auch noch am Hintern Gamsstein, das rote, springlebendige Keltenblut.

Oaner vom Friedhof in Sendling

I, da Auracher-Girgl vo Gmund,
lieg als a Toter da herunt
im Friedhof vo Sendling.
Außer mein Nama is nix verbliebn;
er steht in Gmund aufra Tafe gschriebn
drin in da Kircha.

War wohl a schneidiger, lebfrischer Bua,
bi z' Weihnachten sellmals da Münchnerstadt zua
wia es uns ghoaßn!
Mei Muadda hat ma an Weichbrunn gebn,
mei Dirndl bet' um mei bluatjungs Lebn
in da heilign Mettn.

In Schäftlarn ham ma an Treueid gschworn
als tapfere und als aufrechte Boarn:
's Landl muass frei werdn!
Dann samma auf Baierbrunn marschiert
durchn Schnee, hat koaner de Kältn net gspürt
vo de dreitausad!

An Rotn Turm, und den nehma ei,
da schlagt scho de erste Salvn rei,
Maria und Josef!
's Christkindl liegt in da Krippn im Stroh,
hat uns koa Mensch net as Stadttor aufto:
Oiß war verratn!

Mei Muadda, mei Dirndl ham bitterli gwoant,
d' Pandurn ham uns alle an Tod vermoant,
es hat koan Pardon gebn!
An Reiter schlag i mit da Saansn tot,

da faarbt mei Bluat an Schnee so rot
draußn bei Sendling.

I, da Auracher-Girgl vo Gmund,
lieg als a Toter da herunt.
Bets ma a Gsatzl!
Mir und de andern, de wo s' daschlagn,
aber in tausad Jahr soll mas no sagn:
Des san halt Boam gwen!

Auf hoher Ebene

Nicht alle, aber die meisten Oberbayern, Niederbayern und Schwaben und auf alle Fälle die Allgäuer leben auf höherer Ebene als die übrigen Bayern, von den Restdeutschen erst gar nicht zu reden.

Wie bitte, Sie glauben das nicht und fordern eine Begründung? Bitte schön, hier ist sie: Sie sind ganz einfach deshalb höhergestellt, weil sie, was ja nun niemand bestreiten kann, auf der schwäbisch-bayerischen Hochebene zu Hause sind.

Diese schwäbisch-bayerische Hochebene erstreckt sich, was bereits im Heimatkundeunterricht der Volksschule gelehrt wird, innerhalb der weißblauen Grenzen vom Alpenrand bis zur Donau, und wer dahinter lebt, steht logischerweise auf einer niedrigeren Ebene, auch wenn ihm das nicht passen sollte.

Damit ist nun freilich nicht gesagt, dass es dort nicht auch Oberschulräte, Volkshochschulen, Amtstierärzte, Biologie-Professoren und andere Höhergestellte gäbe, aber aufschauen müssen sie zu uns Hochebene-Bewohnern trotzdem, während wir stolz auf sie hinunterblicken können.

Auweh, jetzt protestiert schon wieder einer! Was regen Sie sich denn so auf, Mann? Woher sind Sie eigentlich? Ach so, Sie sind ein echter Waidler, ein Bewohner des Bayerischen Waldes. Also gut, wenn Sie mich von Ihrem Schmai schnupfen lassen, nehme ich meine letzte Behauptung mit dem Ausdruck des größten Bedauerns zurück, aber nur für Sie und Ihresgleichen, und erkläre hiermit: Je nach Örtlichkeit kann man auch nördlich der Donau bis zu einem gewissen

Grad auf uns herabschauen. Trotzdem: Auf unserer real existierenden schwäbisch-bayerischen Hochebene befinden Sie sich nicht, auch wenn Sie Ihre Schnupftabaksdose jetzt wieder zornig zurückziehen.

Unsere Hochebene ist bereits in der Eiszeit modelliert worden. An ihrem Südwestrand leben die Allgäuer, die sich noch kaum an das nivellierte Allerweltsdeutsch angepasst, sich ihre klangvolle alte Sprache, die an Mittelhochdeutsch erinnert, erhalten haben. »Wia gots da allweil«, fragt ein vierzigjähriges Mädle aus Trauchgau jedesmal, wenn es meiner ansichtig wird, worauf ich versuche, entsprechend zu antworten: »Guat, hat da Bua gset und hat gfudert (geweint)!«

Die schwäbisch-bayerische Hochebene bietet neben einigen Moorgebieten wie dem Dachauer Moos auch, abgesetzt vom Gebirg, ein paar herrliche Aussichtskanzeln wie die Ratzinger Höhe westlich vom Chiemsee, den Taubenberg, den Hohenpeißenberg, den Auerberg. Vergessen wir auch nicht die hopfengesegnete Holledau und den fruchtbaren Gäuboden, ihr letztes Trumm, bevor sie in der Donau baden geht.

Die schwäbisch-bayerische Hochebene, einst fest verankert im Bewußtsein ihrer Bewohner, hat heutzutage irgendwie an Bedeutung verloren, ihre Begrifflichkeit eingebüßt. Sind wir vielleicht geistig schon so verflacht, dass wir es nicht mehr zu schätzen wissen, auf einer Hochebene zu leben, wie es sie so schwäbisch-bayerisch nur einmal auf dieser Welt gibt? Wir sollten uns dieser Auszeichnung wieder mehr bewusst werden und allesamt in den Ruf »Die schwäbisch-bayerische Hochebene, sie lebe hochhoch-hoch!« ausbrechen.

Isar am Schürzenbandl

Drei rare Dinge hab ich von einem vaterländischen Unternehmen mit nach Hause gebracht: einen Liter Wasser, einen fünf Pfund schweren Stein und einen herrenlosen, von der Sonne ausgebleichten Latschenast, der Form und Größe nach einem Ochsenjoch nicht unähnlich.

Zwei dieser Dinge hab ich noch und geb sie auch um keinen Preis her: den Stein und den Ast. Von dem Liter Wasser aber haben wir uns einen Tee gemacht, den wir langsam und genüsslich und voll patriotischer Gefühle getrunken haben. Kein Tee hat uns jemals besser geschmeckt, und wir haben auch keinen Rum aus dem fernen Jamaika hineingetan, sondern einen Enzian aus dem Karwendel. Echt zu echt!

Das Wasser stammte aus der Isarquelle, die zuhinterst im Karwendel, nahe der Hallerangeralm, aus dem Boden bricht, über den Stein sprudelte ihr erstes Wasser, und der Ast lag ein paar Schritte davon im Gras und schaute zu den mächtigen Felswänden der Speckkarspitz hinauf.

Weit hintre muss man gehen, von Scharnitz aus gut drei Stunden das Hinterautal entlang, und dann noch einmal anderthalbe steil hinauf ins Lafatschertal, das Isarkind, ein blankäugiges Wesen von glasklarem, hellgrünem Übermut, glucksend, plätschernd, rauschend, hüpfend, mit den Steinen spielend, immer neben sich.

Vom Lafatscher Almgrund bricht das junge Wasser durch eine großartige wilde Schlucht auf den Boden des Hinterautals. Dann erst nennen es die Kartographen Isar, vorher ist's bei ihnen der Lafatscherbach.

Doch das bekümmert uns nicht. Wir, ihre Liebhaber aus der Stadt, steigen weiter dem Brausen nach. Und endlich haben wir sie an ihrem Schürzenband, stehen dort, wo alles anfängt, alles seinen Lauf nimmt. Die Erde hat sich aufgetan, murmelnd quillt es allerorten aus ihrem Schoß. Ein springlebendiges Taufbecken ist das, und ein Taufstein ist auch noch da: Isarquelle steht in großen weißen Buchstaben an einen Felsblock, von grünen Latschen gerahmt, geschrieben.

Wir wollten damals der Kleinen ein bisserl was von München erzählen, auch von Tölz und Wolfratshausen, von Schäftlarn und der Pupplinger Au, vom Georgenstein und der Grünwalder Burg, auch von Freising und Landshut, von Landau und von ihrer großen Schwester, der Donau. Kichernd ist sie davongesprungen.

Der Geburt nach ist die Isar unzweifelhaft eine Tirolerin. Wenn sie weiter unten die Steine in ihrem Bett mahlt, dann vermeint man das rauhe Idiom unserer Nachbarn, glaubt das harte »Zecka« aus den Speckknödelsuppen zu hören. Aber bald wird aus ihr ein echtes Bayernkind werden, aus Lust und vor allem aus Neigung, und sie wird zunehmend in die weichere Mundart ihrer Wahlheimat fallen.

Was den Geburtsort der Isar anbelangt, so weiß sich im übrigen ein echter Patriot schnell zu helfen. Er erinnert sich, dass Bayern und Tirol ursprünglich einmal eins waren und dass daher der Isarursprung, ohne daß man lange auf Gebietsteilungen und Grenzziehungen egoistischer Dynastien Rücksicht zu nehmen bräuchte, im Herzen unser ist.

Der Stein freut mich. Die Unterseite ist grün gefärbt vom Moos, in dem er vielleicht schon Tausende von Jahren ruhte, die Oberseite blank gescheuert vom Rieseln der Ewigkeit. Ihre Farbe ist grau mit einem verschieden starken Anflug von Ocker. Überall ist er mit zahllosen kleinen Schrunden und Löchern bedeckt, in denen das Wasser spielte. In der Form gleicht er einem etwas nachlässig geformten Wecken Brot.

Dieser Stein ist ein hervorragender Schweiger, ein Gefährte für stille Stunden, wie sie der Mensch manchmal braucht. Wie oft hab ich mit ihm schon um die Wette geschwiegen, und wieviel haben wir uns dabei gesagt!

Dieser Stein war schon da, als ein Kelte zum ersten Mal das Wort Isara sprach. Und er wird noch da sein, wenn an uns längst kein Erinnern mehr ist.

Der Ast wirds so lange nicht machen. Auch er hat Runzeln, Falten und Schrammen genug. Vor Jahren einmal mag ihn der Sturm gebrochen, der Schnee geknickt haben. Wie viele Winter wird er dann unter meterhohem Schnee begraben gewesen, wie viele Sommer von der Sonne gebleicht worden sein, ehe wir ihn fünf Stunden weit hinabtrugen und in einem Kofferraum davonfuhren.

Den Stein, von Gott geschaffen, anstelle des albernen Porzellans, einem höchst zerbrechlichen Menschenwerk, in die Glasvitrine zu stellen, abgeschmettert von der Hausfrau wurde der Vorschlag des Finders. So musste der große Schweiger vorerst auf einem Fensterbrett Platz nehmen. Der Liter Isarwasser, er verrann zu einer vaterländischen Teestunde. So fiel zwangsläufig dem Ast eine große Aufgabe zu. Dekorativ über eine Türe genagelt, hält er die Erinnerung wach an die felsenbeschirmte, von Latschen umfriedete Quelle, an den Tag, an dem wir die Isar suchen gingen.

Kein Hirschgeweih, kein Gamskrickl, kein ausgestopfter Auerhahn weiß etwas Schöneres zu erzählen!

König Ludwig, schaug hernieder

König Ludwig, einsam standst du
auf der Zinne von deim Schloss,
ahnungslos dein Strumpfband bandst du –
plötzlich war der Deifi los!

Häscher waren eingedrungen,
stürzten sich in dein Gemach.
Alle waren sie gedungen,
Schmach euch, euch Verschwörern, Schmach!

Ach, die Kutsche hatte Gitter,
Gitter für die Majestät!
Draußen tobte ein Gewitter,
als in Richtung Berg es geht.

Man versperrte deine Türe,
düster murmelte der See.
Wenn dein Volk dies jetzt erführe,
weh dann deinen Feinden, weh!

Mischt man Gift in deine Speisen,
hält man schon den Dolch bereit?
Nichts mehr lässt sich nun beweisen
nach so ewig langer Zeit.

Mit Gewalt brichst du die Pforte,
kraftvoll, zornig wie ein Bär
eilst du fort von diesem Orte,
doch der Gudden hinterher!

Letzter Ausweg sind die Fluten,
schwimmend ziehst du deine Bahn.

Doch was sieht man? Dr. Gudden
greift dich flugs von hinten an!

Ludwig Zweiter, deine Hasser
neiden dir das Königtum.
Hoch auf schäumen jäh die Wasser,
und dann wird es darauf stumm!

Nach dem Kampfe sondergleichen
endigt sich der Lebenslauf.
Beide ziehet man als Leichen
aus dem See und bahrt sie auf.

Blass steht die Minister-Riege
um des hehren Königs Schrein,
war sein Wahnsinn bloß Intrige,
um euch von ihm zu befrein?

König Ludwig, schaug hernieder
aus des Himmels Wolkentor
auf das Volk, das treu und bieder
dich heut liebt wie je zuvor!

Unvergessen lebst du weiter
in den Schlössern, stolz und kühn,
und aus denen heut noch heiter
die Finanzer Nutzen ziehn.

Die Herkunft der Münchner

Ja moanst, de warn scho allwei doda?
A Packl scho, doch wia dein Voda
so hat de Vorfahrn, des muasst wissn,
da Storch ja ganz woanders bissn!

Zum Beispui in da Stoapfalz druntn.
Da hat s' a Graf recht sakrisch gschundn,
de Häuslleit und Hintersassn,
und eahna koan Knopf Geld net lassn.

De andern, de warn Kraxntrager
vom Zillertal, naa, warn de mager!
De ham si schier de Füaß wund glaffa,
und neamads wollt an Spogat kaffa!

Aa d' Stoanaklopfer, d' Körbeflicker
ham schuftn müaßn wia de Nigger.
A truckas Brot, des war des Höchste!
Doch jeder is sich selbst der Nächste.

Drum siehgt ma bald de oan und andern
mim Hacklstecka stadtwärts wandern.
Dort heira'n s' ohne lange Flausn
a Mitterdirn aus Zusmarshausn!

Weil d' nachgeborna Söhn und Töchter
von Bauersleit gehts no vui schlechter:
In fremde Höf taat ma s' verdinga!
Da ziahng s' glei ghäuft in Richtung Minga.

De andern holn s' als »Schwaare Reiter«,
in Minga putzn s' dicke Heiter.

A Kocherl lasst sein Kittl blitzn,
da bleibn s' glei eahna Lebn lang sitzn!

Na hätt ma no a paar Professer
und Künstler oder Landvermesser,
de wo s' in Preißn arg schlecht zahlt ham
und de drauf eahna Raanzl gschnallt ham.

Aa Volksschullehrer und Biamte
wern reiversetzt in d' Stadt mitsamt de
Gemahlinnen und Offiziantn.
Und de ziahng d' Onkeln nach und d' Tantn.

So kemma allwei mehra z'samma,
wern Münchner und rührn fleißi d' Daama.
Und jeder findt a gmüatlichs Fleckerl,
und alle Haferl kriagn a Deckerl.

Bald kraahn im Kinderwagn de Junga,
und de san wirkli guat gelunga!
De heiratn wieder und so weiter.
Des is de Münchner Ahnenleiter.

Ihr Schwabn und Waidler, Oberfrankn,
mir Enkl tean uns schön bedankn!
Ma sagt zwar leicht, an alles gwöhnst de:
Doch Münchner sei is halt des Schönste!

Feiern in Bayern

Mit »O« geht's o

Im September geht's o,
im Oktober hört's auf,
rennt dahi sechzehn Tag
in Saus und in Braus.

Es nährt se von Bier
und von Hendl und Fisch.
Spuit d' Blasmusi auf,
hupfa d' Leit auf de Tisch.

Punkt zwölfe is oiwei
de großmächtige Tauf,
mitn Bierschlegl zündt
eahm da O.B. oane nauf.

Vor de Budn scharrn d' Rooß
und de Drehorgeln spuin,
de Geisterbahn achzt
und de Ausschreia bruin.

Was kaannt jetz des sei,
so frag i eich gspannt.
Ihr könnt's mas doch sagn?
Is ja weitum bekannt.

Mit »O«, da geht's o,
aber mehr sag i nimma.
Wer's jetz no net woass,
hat von Münchn koan Schimma!

Vor der Wies'n noch zum Arzt

»Und wo drückt der Schuh, Herr Sorgenhuber?« »So schwach fühl ich mich halt, Herr Doktor, so schwach.«

»Dann verschreib ich Ihnen am besten ein Aufbaupräparat. Oder wollen Sie lieber einen Multivitaminstoß?«

»Ich fühl mich aber nicht körperlich schwach, Herr Doktor, sondern charakterlich. Weil doch morgen das Oktoberfest anfängt.«

»Das müssen Sie mir schon näher erklären.«

»Sie haben mir doch nahegelegt, auf Alkohol ganz zu verzichten. Und meine Frau soll auch keinen Alkohol trinken, hat ihr Arzt gesagt. Wissen Sie übrigens, warum meine Frau nicht zu Ihnen geht? Sie meint, das ist nicht gut, wenn Ehefrau und Ehemann denselben Arzt haben. Wegen der ärztlichen Schweigepflicht, sagt sie.

»Das versteh ich nicht.«

»Ich auch nicht, Herr Doktor. Jedenfalls hat der ihre bei ihr jetzt Zucker festgestellt.«

»Alterszucker?«

»Wahrscheinlich; denn für Jugendzucker ist sie altersmäßig schon zu weit fortgeschritten.«

»Aha. Und jetzt wollen Sie wahrscheinlich eine Erlaubnis von mir, dass Sie auf der Wiesn nach Herzenslust dudeln dürfen, oder?«

»Mei, Herr Doktor, wie Sie das wieder erraten haben. Sie sind wirklich ein hervorragender Diakoniker.«

»Diagnostiker meinen Sie. Und drum hab ich Ihnen auch schon wiederholt erklärt, dass das Wichtigste für Sie Maßhalten ist.«

»Und wieviel Maß soll ich halten?«

»Keine Scherze, Herr Sorgenhuber, bei Ihren Beschwerden!«

»Können Sie denn für die Zeit des Oktoberfestes keine Ausnahme machen, Herr Doktor? Meine Alte und ich, wir singen doch so gerne die schönen alten Lieder zur Blasmusik mit.«

»Und trocken können Sie nicht singen? Also eine Maß könnt ich Ihnen ja ausnahmsweise genehmigen, weil das erfahrungsgemäß sowieso bloß drei Quartel sind. Aber natürlich nicht Tag für Tag.«

»Und meiner Frau auch?«

»Ihre Frau geht mich absolut nichts an.«

»Aber die drei Quartel werden schnell weg sein.«

»Einteilen, Herr Sorgenhuber, einteilen! Und im äußersten Fall könnten Sie ja ...«

»Wirklich, Herr Doktor? Ein zweites und vielleicht sogar ein drittes Maßerl!«

»Das natürlich nicht! Denken Sie an Ihre Leberwerte! Nein, was Sie könnten, wäre folgendes: Ihre Frau nimmt die Einkaufstasche mit, und da drin hat sie Pfefferminztee. Und wenn nun die erste Maß weg ist, halten Sie den Krug unauffällig unter den Tisch, und Ihre Frau füllt ebenso unauffällig nach.«

»Und wenn mich der Wiesnwirt dabei erwischt oder die Kellnerin? Und außerdem, wenn ich den Maßkrug wieder auf den Tisch stelle, sieht doch jeder sofort, was drin ist.«

»Sie stellen sich aber auch an, Herr Sorgenhuber! Natürlich gehen Sie nicht in eine Bierbude, in der es Glaskrüge gibt, sondern nur in solche mit Keferlohern.«

»Ganz schön raffiniert, Herr Doktor. Aber was ist, wenn ich mich bei diesen unterirdischen Aktionen recht aufreg? Da muss ich mir ja wie ein Oktoberfest-Verräter vorkommen.«

»Herr Sorgenhuber, heute ist Freitag. Da können Sie also noch einen ganzen Tag daheim mit Ihrer Frau üben: Maßkrug runter, Tasche auf, Flasche raus, nachschenken, Flasche zurück, Maßkrug rauf.«

»Ist das Ihr letztes Wort, Herr Doktor?«

»Ja, mein allerletztes. Draußen sitzen noch weitere dreißig Patienten.«

»Und die wollen alle auch auf die Wies'n gehn?«

»Hoffentlich nicht. Und nun leben Sie wohl. Wir sehen uns wieder, wenn das Oktoberfest vorbei ist. Dann machen wir wieder die üblichen Messungen.«

Herr Sorgenhubel beiseite: »Da wersd na sauber schaugn!«

Das Wies'n Gspusi

Ich möchte gern mit dir, mit dir und niemand sonst, auf die Wies'n gehn! Du liegst – wenn es dich zur Zeit überhaupt geben sollte – genau in der Mitte zwischen zünftig und zauberhaft, zwischen zeckerlfett und zaundürr, bist drei Stunden jünger als du aussiehst und hast einen Mund nicht bloß zum Eisschlecken.

Deine Schuhe sind aus Hongkong, deine Strümpfe aus Paris und deine Leggings aus Italien. Die Bluse trägst du, einem inneren Zwang gehorchend, stark nach vorn gewölbt.

Deine Nasenflügel können aus gegebenem Anlass zornig beben. Auch deine Waden sind bebefreudig. Denn am Sonntage erkletterst du gerne Berge und wirst dabei oft unvermutet vom Wadlkrampfe befallen.

Deine Mutter könnte sehr gut eine Kaltspeiserin gewesen sein, aber ebenso gut eine desertierte Nonne oder eine entadelte Herzogin. Als Väter kommen in Frage Radrennfahrer, Polizeipräsidenten, Filous, Finanzmagnaten, Drahtseilartisten und Nobelpreisträger.

Acht Jahre hast du die Guldeinschule besucht oder irgendeine andere. Deine Leistungen in Religion und im Turnen waren stets hervorragend. Doch hat kein Bildungsinstitut je vermocht, dir seinen Stempel aufzudrücken. Du hast dich immer selbst gestempelt.

Was treibst du so? Manchmal ziehst du wundervolle Lidstriche, dann wieder sprayst du dir süßen Duft in deine geheimnisumwitterten Achselhöhlen. Gerne liest du in Mode-Katalogen. Deine Finger sind umblätterflink. Besonders gut stehen dir Fähnchen in Aschegrau und Presssackrot.

Deine Beine zu beschreiben hieße Keulen nach Athen schwingen. Am Hals trägst du einen Evasapfel. Jeder deiner Füße hat fünf Zehen, wie es sich gehört. Abscheulichen Fußpilz kennst du nur aus den Erzählungen deines Onkels.

Manchmal riechst du nach einem Gemisch aus Germanien und Geranien, dann wieder schmeckst du gallisch nach Chanel Nr. 5. Gerne verwischst du deine Fährte. Jeden deiner Liebhaber hast du bisher wieder abgehängt. Vielleicht sitzen in dieser Stunde ein Kaminkehrer-Geselle, ein Lufthansa-Pilot und ein privater Beerdigungs-Unternehmer in ihrer Kammer und weinen um dich.

Natürlich wohnst du bei deiner Mutter. Noch jede, mit der ich auf der Wies'n bekannt geworden bin, hat bei ihrem Mütterlein gewohnt.

Man bringt sie hendlgefüllt, biertrunken und achterbahnselig an die Haustür, wo sie sich flüchtig an einen lehnen. Im selben Augenblick fährt ein grauer Kopf aus einem Fenster und sagt: Kommst du endlich?

Und ehe man sich's versieht, ist man verabschiedet und steht allein und verlassen wie ein Woaslbua auf der Straße. Natürlich sieht man sie nie mehr wieder.

Trotzdem: Heute abend werde ich dich wieder suchen, vertraute Unbekannte! Durch alle Bierbuden werde ich mich drängen, in die hintersten Ecken der Boxen spähen. Ich werde in Tausende von Gesichtern sehen, vor den Schaubuden und an den Geisterbahnen, an den Eisstandln und Schießhallen. Auf den Stufen der Bavaria werde ich mich umsehen und unter den Fischsemmel-Verkäuferinnen, an den Normaluhren und in den kleinen Hühnerbratereien. Oder bevorzugst du Renken und sitzt in der Fischer-Vroni?

Ich werde dich sofort erkennen! Glaub nicht, dass du dich im Kettenkarussell fliegend verstecken könntest! Der stumme Gesang deiner Kniekehlen würde dich mir sogleich verraten.

Wenn ich dich aber nach zwei Stunden noch immer nicht gefunden haben sollte, dann werde ich meinen Hendl-Gutschein guten Gewissens allein verzehren!

Kirta Chinesisch

Kirta – nie gehört? Aber vielleicht ist Ihnen Kirchweih bekannt? Aha, jetzt fällt langsam das Zehnerl!

Seien wir doch ehrlich: Kirchweih, Kirta (Kirchtag), Kiada ist out. Wer täglich ängstlich in seinen Cholesterin-Spiegel schaut oder auf die gefährlich emporschnellenden Zeiger der Waage, wie soll sich der auf schmalztriefende Kirtanudeln, auf Berge von Gesottenem und Gebratenem, auf eine körndlgefutterte Gans freuen?

He juchje, Kirta bleib da, jauchzten einst die Bauernkinder, wenn sie auf der Kirta-Hutschn durch den Stadel schwangen. Kirta geh furt, seufzen heute selbst aufrechte Bajuwaren, wenn sie wieder seinen kalorienreichen Versuchungen erlegen sind.

Ja, die Zeiten haben sich eben geändert! Im Königlich Bayerischen Salzach-Kreis-Blatt von 1809 wird berichtet, dass dazumal Fleisch für sämtliche Hausgenossen auf den Bauernhöfen um Altötting herum nur sechsmal im Jahr aufgetischt wurde: am Faschingsdienstag, an Lichtmeß, zu Ostern und Pfingsten, an Kirchweih und Weihnachten. Wer das ganze Jahr über auf karge Kost gesetzt war, dem war es freilich eine lang entbehrte und wohlverdiente Lust, an vollen Fleischtöpfen zu sitzen, den Maßkrug zu schwingen, in Nudelseligkeit zu versinken.

So viele Kirchen es in Bayern gab, so viele Kirchweihen wurden einst auch im Land gefeiert. Bayern und feiern, das reimte sich im weißblauen Land schon immer gut zusammen. Doch wo gefeiert und geprasst wird, bleibt die Arbeit liegen, und die Sitten drohen zu verkommen, und so was ist der Obrigkeit noch stets ein Dorn im Auge gewesen, so liederlich und vergnügungssüchtig sie selber auch war.

Der unverzeihliche Fehler, den sich die bayerischen Untertanen im vergangenen Jahrhundert leisteten, bestand nun darin, nicht nur ihre eigene Dorf-Kirchweih zu feiern, sondern auch noch in schöner Regelmäßigkeit alle rundumadum.

Benefiziat Joseph Schlicht, der es wissen musste, meinte dazu 1875: »Als religiöse Einrichtung könnte und müsste die Kirchweihe das katholische Volk veredeln, allein, im bösen Laufe der Zeit vermochte auch die Kirche den genusssüchtigen Strom nicht mehr zu meistern. Sie musste mit die Axt an die einzelnen Kirchweihen legen und sie alle eindämmen auf die große Landes-Kirchweih am dritten Sonntage im Oktober.«

Freilich, ganz deppert waren unsere Vorfahren auch wieder nicht. Sie zogen den 1868 verordneten »Allerweltskirta«, wie sie ihn spöttisch nannten, einfach in die Länge. Jetzt grad mit Fleiß beherzigten sie den alten Spruch: »A richtiga Kirta dauert bis zum Irda, a diam kon ses schigga aa bis zum Migga«.

Wer es nicht auf Anhieb verstanden haben sollte (wie wohl so manches Kind hochdeutschgeiler bayerischer Eltern), das heißt übersetzt nicht: Was ein richtiger Kühjunge ist, hat ein langes irdisches Leben, selbst wenn er sich anschickt, von einer Mücke gebissen zu werden, sondern: Eine richtige Kirchweih dauert bis zum Dienstag, und manchmal mag sie sich sogar bis zum Mittwoch hinziehen.

Alles klar?

Torkelnde Bayern

Als der liebe Gott das Land Bayern erschaffen hatte und sah, dass es im Norden an das Preußenland grenzte, kratzte er sich nachdenklich hinterm Ohr und dachte: So benachteiligen darf ich meine braven bayerischen Rindfleischesser denn doch nicht! Und er griff in seinen großen Sack und fügte an der anderen Seite ein wahres Bilderbuchland an, ein Landl voll stolzer Berge und Täler, reich bestückt mit Burgen, Schlössern und Kirchen und voll der schönsten, gastfreundlichsten Wirtschaften; ein Landl auch reich an Wein, Obst und Sonnenschein. Dies Land nannte er Südtirol und übergab es dem ersten Bayern, der selbstverständlich Sepp hieß, mit den Worten:

»Mein vielgeliebter Sohn Joseph, diesen Gau übergebe ich dir zum Ausgleich dafür, dass von Norden her allerlei Ungemach über dich kommen wird. Zwar wird er später deiner Herrschaft entgleiten, doch soll darin für immer und alle Zeiten die bairische Zunge klingen. Auch soll dir dort ein Refugium erwachsen, wenn dich das Fernweh erfasst.«

Worauf der Sepp, der damals noch nicht wissen konnte, daß Gottvater mit dem letzten Teil seiner Rede auf Reisen und Urlaub anspielte – auch mit dem Wort »Refugium« wusste er nichts anzufangen –, demütig mit dem Kopf nackelte und sagte: »Du werst as scho recht macha, Himmivadda!«

Natürlich ist es genauso gekommen, wie Gottvater vorausgesagt hatte: Die Mark Verona ging Bayern wieder verloren, und wenn es unter Bayerns erstem König Max-Joseph auch so aussah, als kämen die alten Zeiten wieder, blieb es doch nur ein kurzer Traum. Tirol und mit ihm Südtirol mussten nach Napoleons Sturz wieder an die Habsburger herausgerückt werden.

Auch der zweite Teil der Weissagung erfüllte sich. Bis auf den heutigen Tag spricht man, trotz aller Schikanen in der Vergangenheit, dort unten ein speziell eingefärbtes Bairisch, und mehr denn je ist das Land zwischen Brenner und der Salurner Klause, zwischen Ortler und Rosengarten zum bevorzugten Freizeitdomizil der Bayern geworden, zu einer Art Ersatz-Bayern, in dem so vieles ähnlich und so vieles anders ist, so dass man sich hin- und hergerissen und schließlich jedesmal wieder hingerissen fühlt wie zu einer alten, nie ganz vergessenen Liebe.

Das Ähnliche und doch wieder Verschiedene, am Beispiel Kirchweih zeigt es sich deutlich. Wir sagen Kirta, drunten sagen sie Kirtig. Wir feiern den Kirchtag am dritten Oktober-Sonntag, drunten begeht man ihn bereits am zweiten. Und während es bei uns aufgeht beim Kirtatanz, beginnt drunten an Kirchweih das altbekannte Törggelen.

Die Sprachforscher wollen uns weismachen, dass Törggelen, jene Südtiroler Art des herbstlichen Brotzeitmachens mit jungem Wein, gerösteten Kastanien, mit Bauernspeck, Käs und Vinschgauer Loaberl vom lateinischen torculum = Weinpresse komme, zu der man in Südtirol Torkel sagt. Nachdem wir ausgiebig getörggelet hatten, wussten wir es freilich besser und behaupteten nun frischweg: törggelen leitet sich von torkeln ab.

Jawohl, mit eigenen Augen haben wir unsere wiederum in großer Zahl angereisten Landsleute torkeln gesehen. Obwohl der »Suser«, wie der junge Wein genannt wird, nur wenig Alkohol enthält. Aber die Menge machts, und der alte Rote dazwischen.

In einer Wirtschaft zu Perdonig hoch über Eppan sind wir gesessen, die Maroni machten uns die Fingerspitzen rußig, und der Wein, trübrot, schmeckte wie ein Liebesgedicht des Oswald von Wolkenstein, jenes Minnesängers vom Fuße des Schlern, dem der Südtiroler Wein wohl manches Mal den Dichtergeist beflügelt haben mag.

Unser Landesvater hätte seine Freude gehabt, wenn er mitgetörggelt hätte. Der junge Rebensaft hatte in einer gestandenen Geschäftsfrau aus Weilheim gewaltige patriotische Gefühle zum Gären gebracht, die sich mit dem wilden Urschrei »Der Freistaat Bayern – er lebe hoch!« entluden.

Mitten unterm Tanz, zu dem einer auf der Ziachmusi aufspielte, stieß sie diesen Schrei aus, dem weitere triumphale Bayern-Hochrufe folgten, als sie, von Tisch zu Tisch törggelend und torkelend, gleich mehr Landsleute als Südtiroler versammelt fand.

War es das gleichzeitig Ähnliche und doch wieder Andersartige, das sie den Freistaat so wild entschlossen hochleben ließ? Fühlte sie instinktiv die alten Bande oder wusste auch sie um die Zuteilung Südtirols als Ferienheimat der Bayern durch Gottvater?

Wie dem auch sei: Die bayerische Extrawurst, an Etsch und Eisack wird sie noch gebraten: Nur dass sie dort »Tiroler Leber« heißt.

Niederbayerische Bauernhochzeit

Neun Niederbayerinnen, und weiß Gott nicht mehr die Jüngsten, haben es fertiggebracht, mich sportlich ambitionierten Großstadtmenschen auf dem Zahnfleisch dahinkriechen zu lassen. Es waren ehrengeachtete Ökonomensgattinnen, die in ihrem Leben wohl noch nie einen Meter Sport getrieben hatten. Sie saßen aufgereiht wie Walküren an einem langen Wirtshaustisch und sahen mich, den der Zufall an ihre Seite geführt hatte, erwartungsvoll an. Denn die Blaskapelle hatte eben zu schmettern begonnen. Und ihre stattlichen Männer, die saßen unten in der Wirtsstube, wo zwei bildhübsche junge Kellnerinnen Wein ausschenkten, während wir oben hockten, im Saal, in dem gerade das Geschirr eines üppigen Hochzeitsmahls abserviert wurde.

Es hatte gegeben: zuerst Weißwürste mit Brezen und Weißbier, dann eine Milzschnittensuppe, sodann eine gekochte Schweinshaxe auf Sauerkraut mit Semmelknödeln und zur Nachspeise ausgezogene Nudeln mit Kaffee. Ich war gefüllt bis oben zum Adamsapfel, denn wer lässt schon was hinten, für das er ein anständiges Mahlgeld berappt hat?

Nun aber blickten, wie schon gesagt, die neun Körndlgefutterten in ihren neuesten Quelle-Kreationen allesamt zu mir her. Musst du jetzt etwa tanzen? fragte ich mich bang. Da legte schon meine Nachbarin zur Linken, obwohl kein Mensch von einer Damenwahl etwas gesagt hatte, die Hand auf meinen Arm und sagte resolut: »Dann bin i halt so frei – pack mas?«

»Aber ich weiß nicht, ob ich diesen Tanz beherrsche«, meinte ich unsicher, worauf sie mich mit den

Worten beschwichtigte: »Halt di nur fest ei bei mir Stadterer, dann fehlt dir nix!«

Das Stück war ein Zwiefacher. Das bedeutet, dass man zwei Tanzarten gleichzeitig beherrschen muss. Ich klammerte mich ängstlich an, und sie schwenkte und zerrte mich tatsächlich so zielstrebig herum, dass ich kaum etwas falsch machen konnte. Die ersten Schweißtropfen perlten mir von der Stirne, doch der Versuch, sie mit dem Joppenärmel fortzuwischen, misslang: sie gab meine Hände nicht frei.

Ich muss ihr wohl gefallen, dachte ich, und sie zeigte mir auch sofort ihre Zuneigung durch ein bedauerndes »öha«, als sie bei einer missglückten Drehung voll auf meinem Vorderfuß landete.

Die Kapelle war von gnadenloser Härte und spielte jeweils vier Stücke hintereinander. Bei einer rasenden Drehung von mehreren Minuten Dauer flüchtete ich tief in meiner Tänzerin fleischige Oberschenkel, aber nicht aus schnöder Wollust, sondern um nicht von der Zentrifugalkraft an den Rand des Tanzbodens geschleudert zu werden. Wenn dieses niederbayerische Urweib jetzt zusammendrückt, dachte ich so bei mir, dann liegst du mit einem Oberschenkelbruch darnieder. Die Kraft dazu hätte sie gehabt, doch hielt sie sich gottlob im Zaume.

Als die Musiker endlich innehielten und ich meine Tänzerin, ohne ihre Ehre zu verletzen, an den Tisch zurückbringen konnte, war ich von oben bis unten durchgeschwitzt und rang nach Atem. Sie dagegen zeigte nur eine leichte Rötung im Gesicht und war im übrigen frisch wie eine Lilie auf dem Felde. Sie griff nach ihrem Weinglas und sagte: »I tanz amoi z'gern«, worauf die anderen acht wie aus einem Munde antworteten: »Mir fei scho aa!«

Bin ich der Mann, der brave Frauen im besten Alter, nämlich zwischen vierzig und sechzig, enttäuscht, der sie kaltherzig sitzen lässt, während ihre Büffel von Ehemännern jungen Kellnerinnen nachstellen? Nein, dieser Mann bin ich nicht!

Bei der dritten Tänzerin befiel mich der erste Schwindel. Der Saal schwankte vor meinen Augen.

Bei der sechsten hielt ich krampfhaft den Kopf abgewendet, damit ihr mein Schweiß nicht in den Ausschnitt tröpfle. Sie fragte teilnahmsvoll: »Ham S' gwissa schwachs Herz?«

Dann kam die letzte. Sie hielt einen völlig Erschöpften, Erschlafften, Ausgebrannten in ihren Armen. Als ich sie zurückbrachte, schwankend wie ein Marathonläufer kurz vor dem Ziel, sagte sie: »Heit ham S' a Riesnglück ghabt, gell! Indem dass unsere Männer abzogn san, ham S' den ganzen Nachmittag ungeniert Eahnan Spaß mit uns habn derfa!«

Berg und Tal

Alpiner Horror

Gestern wäre der Schorsch beinahe aus dem Deutschen Alpenverein ausgetreten, bei dem er schon an die zwanzig Jahre Mitglied ist und deshalb jederzeit berechtigt, wenn nicht umsonst, so doch zu Vorzugspreisen auf dem Matratzenlager einer Alpenvereinshütte zu nächtigen. Eine Vergünstigung, die er bisher nur zweimal wahrgenommen hat, nachdem die streng ranzelnden Socken der neben ihm abgelagerten Bergkameraden seinen Schlaf empfindlich gestört hatten,

Deshalb wäre ihm freilich niemals der Gedanke gekommen, einfach auszutreten. Für den Fußschweiß einzelner kann schließlich die mehrheitlich nach Nagelfluh und doppeltem Enzian duftende alpine Gesamtheit nichts.

Auch, dass er ihn immer wieder durch fehlende Markierungen in die Irre leitet, lastet er dem Verein nicht an. Obwohl es schon seltsam ist, dass Wege und Steige, auf denen man sich nicht einmal mit verbundenen Augen verlaufen könnte, alle hundert Meter mit Farbtupfern bekleckst werden, aber kaum, dass sich der Weg gabelt oder gar in drei verschiedene Richtungen weiterläuft, jeder Hinweis fehlt. Dann serpentinert man ratlos zunächst den vermeintlich richtigen Pfad weiter, bis nach einem Kilometer immer noch kein Felsbrocken, kein Baum bepinselt ist, und kehrt schließlich kopfschüttelnd wieder um. Bei dem zweiten Wegerl dasselbe. Erst beim dritten tauchen nach einiger Zeit die vertrauten Markierungen wieder auf.

Warum die Pinsel so vorgehen? Ganz einfach: Entweder sind es Sadisten oder laxe Einheimische. Für sie ist es glasklar, wo es weitergeht. Warum also ausgerechnet an Kreuzungen Farbe verschwenden?

Aber wegen einer derartigen Lappalie tritt der Schorsch doch nicht aus einem solchen Traditionsverein aus. Nein, ihn empörte am Vereinsabend der Tourenbericht des zweiten Kassiers, der kaltlächelnd seinen Bergführer abstürzen sah und nicht die kleinste Hilfe leistete.

Auf ausgesetztem Grat, so erzählte er, habe er seinen Bergführer um Rat fragen wollen. Da sei dieser unversehens ins Rutschen, dann ins Straucheln gekommen und haltlos die fast senkrechte Felswand hinabgestürzt.

Alle am Tisch waren bestürzt. »Und?!«, riefen sie, »Was hast gmacht?«

»Was wer' i scho gmacht ham, nix hab i gmacht«, sagte er und grinste, »er war ja scho ziemlich alt, der Bergführer!«

Jetzt reichte es dem Schorsch. Wenn dies die neue alpine Moral ist, sagte er, dann bin ich hiermit aus dem Verein ausgetreten.

»Reg dich doch nicht gleich auf, Schorsch«, sagte nun dieses Schlitzohr, »es is doch oiß guat nausganga. Glei am nächstn Tag bin i in d' Buchhandlung und hab ma an neuen Bergführer kaafft!«

Wo gibt es verzinktere Bergkameraden als in diesem Alpenverein? Der Schorsch bleibt zahlendes Mitglied, zumal der Alpen-Münchhausen nach seinem Greuelmärchen sofort eine Runde Schnaps bestellte, natürlich Enzian. Auf dass der Almrausch auch im Flachland blühe!

Bis aufs Jahr

Und a Winderl hat gwaaht
grimmi kalt über d' Schneid,
hat an Summa schee staad
koan Tag 's Wartn mehr gfreit!

Werd eahm 's Herzerl so weh,
packt sei graserlgreans Gwand,
lupft sei Hüatl in d' Höh:
Pfüat enk God beianand!

Pfüat enk God, und aufs Jahr
kemm ma bald wieder z'samm;
bal de Dirndl im Haar
frische Bleamerl drin ham,

bal da Auerhahn balzt
und da Gugu bal schreit
und da Hüaterbua schnalzt,
bin i aa nimmer weit.

Bin i ganz in da Näh,
auf de Wiesn, im Wald,
bin im Tal, auf da Höh,
weils ma überalln gfallt!

Hat da Wind wieder gwaaht,
und so eisig kalt scho!
Is da Summa schee staad
über d' Alma davo.

Stiller Winkel

Viele fahren an einem solchen Sonntag in die Berge, steigen über Almen hinauf zum Gipfel, um von hoher Warte dem Sommer »pfüati« und zum Herbst »grüaßdi« zu sagen. Andere machen es sich leichter, steuern das Auto bloß zu einer Waldlichtung, einem stillen, sonnenbeschienenen Winkel, holen eine Decke oder eine Liege aus dem Kofferraum und lassen sich die Oktobersonne, die endlich gegen Mittag den Dunstschleier des Vormittags zerrissen hat, warm ins Gesicht scheinen.

Auch wir liegen an einem solchen wunderstillen Platzerl, zu dem sich ein Feldweg hinaufwindet. Hinter ihm dehnt sich ein kleiner Wald aus Laubbäumen, deren bunte Blätter leise im Herbstwind rascheln, vor ihm breiten sich sanft abfallend Wiesen und Stoppelfelder, kleine Gehölze, umgeackertes Land. Das Alltägliche, schon immer Dagewesene – wer es mit Sonntagsaugen sieht, dem kommt es als etwas Außergewöhnliches, Einmaliges, Unersetzliches vor: uraltes Bauernland, von Moränen modelliert, Land der Urgroßväter und Urgroßmütter, Nährboden nicht nur für die tägliche Nahrung, auch für Gefühle, Erinnerungen, Dankbarkeit, Phantasie.

Eine Krähe hebt mit heiserem Schrei von einem Baum ab. Für einen Augenblick hängt Allerheiligen, Friedhofstrauer, Abschied in der Luft. Aber die Sonne ist stärker, drängt den Herbst beiseite, lässt den Sommer noch einmal septemberselig aufleuchten. Unendlich wohltuend ist ihre Wärme, mit geschlossenen

Augen gibt man sich ihrer zärtlichen Fürsorge hin. Ein geschenkter Tag!

Sicher wird es noch mehr solcher Tage geben, in der der Sommer noch einmal nachklingt, für Stunden zurückzukehren scheint. Aber werden wir dann auch Zeit haben, ihm die Tür zu öffnen? Ob es nicht das letzte Mal ist, dass er uns seinen Namen so eindringlich auf die Stirn schreiben kann?

Ein tröstlicher Gedanke, vielleicht schon im März am selben Platz die Sonne genauso warm wie an diesem Oktobersonntag im Gesicht zu spüren und dabei zum erstenmal den Sommer zu erahnen. Nicht nur der nächste Winter, auch der nächste Sommer kommt bestimmt!

Und den Winter werden wir überstehen, wie wir noch jeden Winter überstanden haben! Gestärkt von der Kraft der Sommersonne und wohlversehen mit den Gaben des Herbstes.

Gegen halb fünf fällt das Tagesgestirn scheibchenweise hinter einen Hügel am Horizont. Die Schatten werden länger. Kühl weht es aus dem Wald heraus, ein letztes Streicheln, dann ist sie dahin, die Mattglänzende, und wieder schickt die Krähe ihren heiseren Schrei über die Felder.

Wir blicken noch einmal übers Land, über dem schon eine Ahnung von Dämmerung liegt. Weil wir diesen stillen Winkel auch schon im Winter aufgesucht haben, wissen wir, wie es hier bald aussehen wird: Zuerst wird ihn Rauhreif verzaubern, Nebel umwallen. Eine Zudecke aus Schnee wird sich über Feld und Wald legen, und manchmal wird eine weiße Wolke lautlos von einem Baum fallen. Dann endlich strahlende Sonne auf glitzerndem Pulverschnee, durch den eine einsame Langlaufspur zieht.

Stiller Winkel, wer dich kennt, der weiß, dass du zu allen Jahreszeiten deine Schönheit ins rechte Licht zu setzen weißt. Besonders warm wird uns aber ums Herz, wenn du im späten Herbst noch einmal Sommertheater spielst.

Das Gipfelgespräch über Bergsteiger

»Noch ein solcher Sonntag wie der vergangene«, sagte die Brecherspitz zur Bodenschneid, »und ich dreh durch! Diese Menschenmassen, diese Massenmenschen! Man sagt ja sowieso nichts, wenn einem hundert Leut auf dem Kopf rumtrampeln, aber Tausende, das geht einfach zu hoch!«

»Ja, es war wirklich zum Latschenausraufen«, erwiderte die Bodenschneid. »Ein Kopfweh hab ich immer noch, nicht zum Sagen! Und was mich am meisten ärgert: Sogar mit Stöckelschuhen haben sie mich bezwungen!«

»Mich schon auch! Da ist's doch kein Wunder, wenn man sich wünscht, ein Kletterberg zu sein mit senkrechten Wänden, dass denen einmal so richtig die Knie zu wackeln anfangen! Und dass Steinlawinen niederdonnern, wenn man die Stirn runzelt!«

»Ja, schön wär's«, meinte die Bodenschneid, »aber leider haben wir dazu die Alm zu weit drunten!«

»Sogar ihre Säuglinge nehmen sie schon mit herauf«, grantelte die Brecherspitz weiter. »Diese jungen Väter kommen sich mit ihrem kindischen Traggestell wahrscheinlich vor wie der Reinhold Messner am Nanga Parbat. Als ob Kleinkinder auch schon was von einer Aussicht verstehn täten!«

»Die sind ja größtenteils noch so dumm, dass sie den Wendelstein für einen Knödelberg halten«, bestätigte die Bodenschneid. »Aber uns den Gipfel benässen und bekleckern, das können sie!«

»Gott sei Dank gibt's manchmal auch was zu lachen mit diesen gummibesohlten Komikern«, fährt die

Bodenschneid fort. »Kürzlich hat einer auf meinem Gipfel eins Geige aus seinem Rucksack geholt und darauf La Paloma gespielt. Die weiße Taube! Meine Bergdohlen haben Tränen gelacht! Und dann diese Jodler, die sie oft ausstoßen: Juchdirullala! Zum Felserweichen!«

»Aber eines muss man diesen Menschen, auch wenn sie uns am Sonntag wieder schwer misshandelt haben, dennoch hoch anrechnen«, meinte die Brecherspitz: »dass sie uns am Abend diesen herrlichen Fackelzug dargebracht haben. Die Tausende und Abertausende von Autoscheinwerfern, einer hinter dem anderen, das war echt schön!«

»Aber höchst unfreiwillig«, sagte die Bodenschneid. »Das war nämlich bloß der Stau, der sich bis weit nach Einbruch der Dunkelheit hingezogen hat. Ich sag dir, all diese Leute, die uns untertags mit Füßen getreten haben, die haben alle beim Heimschleichen gekocht vor Wut.«

»Trotzdem, ganz ohne Bergwanderer möcht ich nicht sein«, meinte die Brecherspitz. »Ich hab mich so an sie gewöhnt! Und einzeln oder in kleinen Rudeln sind sie ja ganz nett!«

»Freilich, im Grunde hab auch ich nichts gegen sie«, stimmte die Bodenschneid zu. »Zum Beispiel freue ich mich jetzt schon wieder auf den Mittwoch. Am Mittwoch hat nämlich in der ganzen großen Millionenstadt München kein einziger Mensch Zahnweh. Und drum sperren alle Zahnärzte die Praxis zu und fahren in die Berge. Wenn das Wetter anhält, rechne ich für diesen Mittwoch mit 60 bis 70 Stück auf meinem Gipfel.«

»Da muss ich aber jetzt dumm fragen«, meinte die Brecherspitz: »An was erkennst du denn, dass das Zahnärzte sind?«

»Sehr einfach«, beschließt die Bodenschneid das Gipfelgespräch: »an den steilen Zähnen, die sie mit sich führen.«

Mei Hausberg

Auf mein Hausberg, Leitln, des müassts wissen,
geht koa Seilbahn und koa Lift net nauf.
Neamd foits ei, da drobn a Fahna z' hissn,
und koa Zeitung schreibt a Lobliad drauf.

Aa koa Alm is drobn mit Küah und Kalma,
und koa Kreiz steht aufn höchstn Spitz.
Grad da Bergwind streichlt lind de Halma,
wenn i ausschaug vo mein staadn Sitz.

Schaafei san de oanzign Touristn.
Mir verstehnga uns aa ohne Gred.
Druntn stehng ma olle wo in Listn,
da herobn bekümmert uns des net!

Vadda Staat, wo is dei langer Schattn?
Is da leicht mei Bergerl a weng z' gring?
Freier schnauft ses ohne dei Krawattn.
Merk da 's: Da herobn bin i da King!

Im Gamsrevier

Lusti wohlauf in da Früah,
auffi auf d' Berg da steign mia!
D' Lercherl de singa scho,
d' Gamserl de springa scho
drobn im Felsnrevier!

Sennerin, koch uns an Schmarrn,
dua in deim Pfanndl rumscharrn!
Du hast ja Milli gnua
von deiner Millikuah,
brauchst aa koan Butter net sparn!

Führt a kloans Steigerl durch d' Wand,
hock ma am Gipfe beinand
und sehng de Alma weit
und hörn as Almagläut,
gibt uns as Hoamatl d' Hand.

Sommernacht am Berg

In da Hüttn am Kampn
brennt d' Petroleumlampn.
Aus de Almgründ vo weitn
hörst d' Kuahglockn laitn.

Is' so friedli und staad,
kaam da Wind, dass er waaht.
Da foit dunkl vom Grund
a Schuss in de Stund.

Muass a Rehböckei sterbn,
und obn leichtn d' Stern.
In da Hüttn am Kampn
verlöscht d' Petroleumlampn.

Mittn nei ins Herz

Warm –
warm scheint d' Sonna
durchn woina Janker
mittn nei ins Herz.

Des –
des wern im März
de tausad Ahndl vor uns
gradso gspürt ham.

Und aa de Lercherl
drobn am Himme
wern deselbn Liadl
gsunga ham.

Vor tausad Jahr'
und ehnder no
wern s' heit am Bankl
ghockt sei wia jetz mia.

So freidi,
dass da Auswärts kimmt
und dass oan d' Sonna
bis ins Herz nei waarmt.

Vielleicht –
vielleicht werd des
in tausad Jahr' net anders sei.

In Bayern Föhneinfluss

Wenn von einem Tag zum anderen das Vogelzeichen von Auto zu Auto überhandnimmt; wenn in erschreckendem Ausmaß Gartenzäune und Litfasssäulen umgefahren werden; wenn der Verbrauch von Kopfwehtabletten sprunghart in die Höhe steigt; wenn vielerorts der Haussegen schief hängt; wenn in Krankenhäusern nur in Notfällen operiert wird; wenn in Prüfungen von hundert Kandidaten 95 durchfallen; wenn die meisten Leute durch die Gegend schleichen, als seien sie von Matthofen oder Schlapphausen; und wenn das eigene Ohrensausen die Vorhersage im Radio übertönt, die Wetterlage werde vom Föhn bestimmt, dann herrscht er, der Gefürchtete, tatsächlich in all seiner schrecklichen Macht und Herrlichkeit.

Ja, schrecklich und herrlich ist er, der Föhn, und ein Nichts und Niemand ist gegen ihn der gleichnamige Haartrockner, der seinen schmalbrüstigen warmen Blaserer aus der Steckdose holen muss. Schaut bloß hinaus aus dem Fenster, wie der Naturbursch aus Tirol das Gebirg, siebzig und hundert Kilometer weit entfernt, an München heranrückt, wie er die gipfelgezackten Kulissen aufbaut, als sollte »Der Wildschütz Jennerwein« in Freilichtaufführung gespielt werden.

Der Föhn macht vieles, wenn nicht gar alles, erklärlich und entschuldbar. Wenn einer seine Schwiegermutter beißt, kann er in München mit fünf Euro Geldstrafe an das Rote Kreuz davonkommen, falls seinem Verteidiger der Nachweis gelingt, dass an jenem Tag Föhn war. Und eine erfahrene Braut wird es ganz in Ordnung finden, wenn ihr Bräutigam, ein durchaus noch rüstiger Rentner, sich ihr in der Hochzeitsnacht nicht zu nähern vermag; weil eben Föhn ist.

Den Kindern kann der Föhn noch nicht viel anhaben, den alten Leuten umso mehr. Er, der ein Feind des Kreislaufs und ein Freund des Herzkasperls ist, fährt ihnen in alle Glieder, und manche haben dieselben schon für immer ausgestreckt, wenn er mit Sturmesgewalt an ihren Fensterläden gerüttelt hat. Es gibt hierzulande aber nicht nur Millionen Föhnempfindliche, es gibt auch noch Vorföhner und Nachföhner, weshalb man in Oberbayern nie vor Beleidigungen und Überraschungen sicher ist. Der Vorföhner fühlt den Föhn schon tagelang vorher herannahen. Ist er dann endlich da, so bessert sich sein Zustand wieder, wahrscheinlich vor Freude. Im Nachföhner klingt der Föhn noch einige Zeit nach.

Man hört manchmal von Unglücklichen, die Vorföhner, Föhner und Nachföhner in einer Person sind. Wegen der Schwere ihres Leidens nimmt sie keine Krankenkasse auf.

Und wenn man sich gleich einsperrte, hinter dicken Mauern verschanzte oder in eine Höhle verkröche, man entrinnt ihm nicht, dem Föhn, es sei denn, man ergriffe die Flucht in Richtung Norden. Der Donau zu wird seine Macht immer kleiner, und dahinter hat er kaum noch was zu melden. Man kennt ihn dort nur aus dem Lexikon und fallweise aus unerklärlichen Beschlüssen der Regierung zu München, die nur durch den Einfluss des tückischen Alpengebläses erklärbar sind. So dass man sagen kann, dass letztlich doch *ganz* Bayern unter dem Föhn zu leiden hat.

Es gibt allerdings auch in den hiesigen Landstrichen Menschen, die über eine solch ungehobelte Natur verfügen, dass der Südwind nicht an ihr zentrales Nervensystem vorzudringen vermag. Diese Leute täten besser daran, Föhnfühligkeit wenigstens vorzutäuschen, als sich immer wieder, wenn alles ringsumher stöhnt und ächzt, als unempfindliche grobe Lackln darzustellen.

Ganz abgesehen davon, dass es immer gut ist, den Föhn in der Hinterhand zu haben, wenn man einem Schutzmann den Vogel gezeigt hat und dieses zufällig nicht der verflossene Münchner Oberbürgermeister gewesen ist.

Das bayerische Gipfelkreuz

Viele Flachländer glauben, die Oberbayern seien schon seit Erschaffung von Zugspitz, Wendelstein und Kampenwand begeisterte Bergsteiger (Alpinisten) gewesen. Stimmt gar nicht! Den Münchnern von ehedem reichte der Nockherberg mit seiner Bierquelle vollauf, und Bauern und Bäuerinnen drängte es erst recht nicht auf die Gipfel vor ihrer Haustür. Nicht nach Jodeln auf steiler Höh, sondern eher nach Odeln in Talesgründen stand ihnen der Sinn. Wann hätten sie auch schon Zeit gehabt, die Berge zu behatschen? Vielleicht am Sonntag, nach der Kirch?

Nur der Almbauer trieb einen Teil seines Viehs samt Sennerin und Hüterbub hinauf, und vor allem die Kühe sollen den Sommer über dort oben durchaus glücklich gewesen sein, wenn sie nicht gerade einen Ochsen als Begleiter hatten, der dauernd von seiner Operation erzählte.

Dann gabs da noch eine Handvoll Jäger, Holzknechte und Wilderer, die laut einschlägiger Lieder zwar in der Freiheit der Berge lebten, doch sicher viel lieber im Tegernseer Bräustüberl gehockt wären. So mussten sie sich ständig geduckt herumschleichen und sich vor hinrerhältig abgefeuerten Kugeln in acht nehmen.

Das einzig Angenehme an ihrem Beruf dürfte ihre nähere Bekanntschaft mit einer Sennerin gewesen sein, die bereitwillig ihren Kreister mit diesen meist schnauzbärtigen Gesellen teilte. Wer aber nun glaubt, Kreister sei ein Holzhackerschmarrn, der irrt gewaltig – es war ihre Liegerstatt.

Auf alten Bildern und Stichen sieht man diese lockeren Burschen mit einem langen Stock in der Hand, Alpenstange genannt, schmale Steige fürbass schreiten, auf dem Rücken schwerbeladene Holzkraxen oder grobleinerne Rucksäcke. Wenn sie auch noch ein Gewehr geschultert haben, hängt das bekannte Jennerwein-Syndrom wie eine Ahnung drohenden Unheils über ihnen. Bald werd's kracha!

Gemütlicher wurde es erst, wenn sie, auf anderen Bildern und Stichen, endlich als Gebirgler verkleidete Don Juans bei ihrer Herzallerliebsten in der Almhütte saßen und eindeutig zweideutig zu scherzen beliebten.

Beide Arten von Bildern verbreiteten sich zunehmend über ganz Bayern, ja bis nach Preußen und Sachsen, und von Almrausch und Alpenglühen befeuerte Schriftsteller taten ein übriges, die Neugier bürgerlicher Kreise auf eine höhere Ebene zu heben. Erst verhalten, dann immer stürmischer griffen insbesondere die Städter, entsprechend kostümiert, zur Alpenstange, stießen in den Latschengürtel und ins Felsrevier vor und waren stolz darauf, wenn sie Vagabunden genannt wurden: Bergvagabunden.

Selbst Seine Majestät der Kini (Max II.) wurde von der neuen Lustseuche ergriffen, schnürte die Wanderstiefel und erkundete mit einer Reihe auserlesener Geister das Gamsgebirg von Lindau bis Berchtesgaden.

Nun wurde es höchste Zeit, den Deutschen Alpenverein zu gründen und auf den Gipfeln Kreuze aus Holz, Stein oder Stahl zu errichten, vor denen sich die Bezwinger ergriffen die Hand reichten und »Berg heil« murmelten. Dann griffen sie nach dem in einer

Blechschatulle verwahrten Gipfelbuch, um, sofern der Bleistift noch nicht gestohlen worden war, für die Nachwelt das Jahr, den Monat und den Tag ihres Gipfelsieges festzuhalten, nicht selten unter Hinzufügung einer Spontan-Reimerei. Beliebt war zum Beispiel die Kombination Bergesgipfel und Hartwurstzipfel.

Jedenfalls: Die Sehnsucht nach den Bergen hat mit den Jahren immer mehr Menschen erfasst. Weder 50 Kilometer lange Staus noch die obligatorischen Unglücksmeldungen hindern heute sogenannte Bergfexe, dem Lockruf der Berge zu folgen, anstatt den Samstag oder Sonntag im relativ ruhigen Dachauer Moos zu verbringen.

Feudale Berghütten, Unterkunftshäuser, Gipfelraststätten mussten errichtet werden, um dem Andrang Herr zu werden. Und heute sind wir soweit, dass an manchen Sonntagen für den Gipfel Platzkarten ausgegeben werden müssten.

Nur noch traditionsbewusste Landwirte der älteren Generation halten sich nach wie vor aus einem gesunden Instinkt heraus vom Besteigen der Berge zurück, weil es, wie sie glauben, im Grunde außer Hitzschlag, Absturz, Muskelkater, Wasserblasen, durchschwitzten Hemden und abgelaufenen Schuhsohlen kaum etwas bringt.

Selbst passionierte Bergsteiger mit Bundhose, Wadlstrümpfen und Trenkerhut auf dem Kopf geben ihnen da manchmal, etwa wenn sie ein gewaltiger Gewitterregen die Serpentinen hinunterschwemmt, recht.

Unser Sprach

La Paloma auf Bairisch

D Füaß
hab i drin in am Wandl voi Soafa-Laugn.
Im Radio
singt da Hans Albers Jetzt heißt es
auf Gott vertraun!

Ein Wind
weht von Süd und ziagt scharf durch d'Balkontür her.
Ob i
wohl no oamoi ans mare
hikemma wer?

Wein nicht mein Kind
is leicht gsagt in La Paloma.
Von da Wand tapeziert vor zehn Jahr
schaugt traurig die Oma.

Früh oder spät
schlägt jedem von uns die Stunde,
da hoi ia Gift
aus da Schublad
mit zuckendem Munde.

Auf Matrosen ohe,
des is a oida Schnee:
oamoi muass' gar sei,
oamoi muass' wahr sei,
oamoi muass a Ruah hergeh!

Ihr hupfadn Mais jetz gehts her,
ihr fressts koane Landjäger mehr!
Aus La Paloma,
mit Gift am Speck droma
gibts keine Wiederkehr!

Aufmunterungs-Bairisch

Was sagt ein Ober oder Niederbayer, wenn es gilt, jemanden aufzurichten, den es gerade dabröselt hat, dem sauber eigschenkt worn is, der mit dem linken Fuß aufgestanden ist, der dreinschaut wiara Schwaiberl, wenns blitzt, wie wenn eahm d'Henna 's Brot gstohln hän, oder wia wenn an da Blitz gstroaft hät? Also nicht gar so arg dawischt hat, dass man bei der Wortwahl eher vorsichtig sein müsste.

Zunächst könnte der Trostspruch »werd scho wieder wern, sagt d'Frau Kern, is bei da Frau Korn aa wieder worn« nicht schaden, einen guten Spezi sogar die Mahnung »jetz lass doch d'Lätschn (d'Trenschn) net gar so hänga« oder »reiß di endli am Reama« wieder aufrichten. Zur Aufmunterung wären auch geeignet »dua de doch net awi«, »denk da nix, pfeif da nix« und im Extremfall sogar, nun, Sie haben das anrüchige Sprücherl eh schon erraten!

Auch der Zuspruch »so schlimm werds scho net sei (wern)« oder »es gibt Schlimmeres« könnte helfen, ebenso »sowas wirft doch an gstandna Mo (a gstandne Frau) net um«, »des dapackst du leicht« oder »des steckst du weg wia nix«.

Handelt es sich um Kleinigkeiten, so genügt vielleicht schon ein »geh, lass di doch net so hänga (geh).« Ein ironisches »Kopf hoch, wenn da Hals aa dreckig is« kann sogar ein Schmunzeln hervorrufen. Sollte es ein notorischer Jammerlappen sein, so wäre auch ein »mach doch net gar a so a Gschieß (net gar solche Danz)« angebracht. Auch ein »ma ko fei oiss übertreibn« wäre möglich. Handelt es sich um ewige Pessimisten, Miesmacher, Übelnehmer, darf einem auch mal oida Streithansl, Grantlhauer, Zwiderwurzn oder gar Bissgurn herausrutschen, zu einer positiven Veränderung wird es freilich kaum beitragen.

Manchmal sollten auch lobende Worte ausgesprochen werden, etwa »heit bist aber wieder guat drauf.« In Ausnahmefällen darf sogar einmal übertrieben werden, zum Beispiel »wennsd du in da Tür stehst, des is, wia wenn d' Sonna aufgeh daad!« Weniger schmeichelhaft die Bemerkung eines Spottvogels »guat schaugst aus, bist krank?«

Und was soll der Räuber Kneißl am Tag vor seiner Hinrichtung, die angeblich an einem Montag vollzogen wurde, gesagt haben? »De Woch fangt scho wieder guat o, morgn wer i köpft!« Wenigstens das brauchen Zeitgenossen, die uns oft genug auf die Nerven gehen, nicht zu befürchten, wenn wir auch nichts dagegen hätten, wenn sie einmal für ein paar Tage weggesperrt würden! Mehr sog i net, habts mi?

Von der Schnadern ghupft

Die Schnadern ist der Mund, das unbekümmert schnatternde Maulwerk, und was von dieser Schnadern hüpft, das Schnaderhüpfl, eine der köstlichsten altbayerischen Spezialitäten.

Um die Jahrhundertwende wurde die Kunst des frechen, witzigen und derbleckerischen Vierzeilers noch vielfach in Wirtstuben und auf Tanböden beherrscht. In neuerer Zeit gibt es nur noch wenige. Einer davon, der sie meisterlich übte war der Roider Jackl.

Der vielbeklagte Originalitätsschwund hat auch das Schnaderhüpfl oder Gstanzl am Baum der Lieder verdorren lassen.

Die Urheber dieser auftrumpfenden Mutterwitz-Lyrik sind anonym. Holzknechten, Bauernsöhnen, Landschullehrern, vielleicht auch mal einem übermütigen Kooperator sind diese Gstanzl einmal über die Zunge gehüpft, weil ihnen grad das Herz und der Sinn danach gestanden. Auch Gstudierte, sogar Literaten, haben sich in dieser Mini-Kunst versucht. Diese Schreibtischerzeugnisse nach dem Muster »Und's Dirndl is sauber vom Fuaß bis zum Kopf / am Hals hat's a Binkerl, des nennt ma an Kropf« wirken jedoch meist konstruiert und krampfhaft originell. Nie haben sie sich mit dem Wildwuchs messen lassen.

Hier ein paar der originellsten, saftigsten, auftrumpferischsten Gstanzl, wie man sie, wenn man Glück hat, noch manchmal in ein paar wenigen Wirtshäusern singen hört:

Buama seids lusti,
lassts Bierkrüagl schnalln,
der im Wald Daxn frisst,
der werds scho zahln!

Lusti is 's Buamalebn,
's Geld muass ma d'Muatta gebn,
wenn mas da Vatta geit,
langts net so weit!

Und 's Dirndl von Lauterba(ch)
schneid da Kuah 's Auta a,
oa Zitzn lassts steh,
des moants is schee!

Und weißblau is boarisch
und grea scheißn d'Gäns,
und a Deandl, des an Schandarm mag,
is a schlechts Mensch.

Aba's Deandl is von Notham
wos' koa Mehl und koa Brot ham,
da Bua is von Vogldax,
wo nix steht und nix wachst.

Hint auffi koan Orsch
und vorn brettlebn,
wer werd denn beim Teifi,
a sellas Mensch mögn?

Und 's Deandl hat gsagt,
wennst ma an Lebzeltn kaaffst,
na derfst wieda amoi kemma
und so toa als wia znaachst.

In der Fruah um halb drei
hat d'Hennastiagn kracht,
da hat halt da Gockl
sei Schuldigkeit gmacht!

Erstklassige Beleidigungen

Dieser Tage war ich im schönen altehrwürdigen Stadtviertel Sendling zufällig Ohrenzeuge einer Auseinandersetzung zwischen zwei Schulbuben. Das hörte sich so an: »Du Depp du!« – »Möchst was?« – Möchst du was?« – »Du Kniabiesler!« – Das war schon alles. Denn der Kniabiesler, offenbar zutiefst getroffen, drehte sich um und lief sang- und klanglos davon.

Da dachte ich so bei mir, wie doch der allseits beklagte Originalitätsverlust sogar schon beim kindlichen Ehrabschneiden zu beobachten sei. Wenn ich mich da an das ebenso reichhaltige wie bildhafte, ja geradezu klassische Repertoire in meiner Bubenzeit zurückbesinne! Gleich den griechischen Helden Homers standen wir uns gegenüber, einzeln oder gruppenweise die Straßen- oder Viertelehre verteidigend, zwar kleiner als die antiken Kämpfer, ihnen aber an ätzender, wortgewaltiger Rede durchaus ebenbürtig.

Die Einleitung ging ungefähr so: »Möchst fegn, möchst köppeln, möchst di aufmanndln, ha? Du aufgestellter Mausdreck! Eahm schaug o mit seim selbergschnitztn Kasperlkopf! Wennst du so lang waarst wia dumm, kaantst bei am Wolknkratzer aus der Dachrinna trinka!«

Darauf erfolgte die herbe Antwort: »Geh, was willst denn du, du Hockableiber, du windiger Heihupfer. Oa Wort no, und i heb di raus aus deim verhautn Klüfterl und hau di ungespitzt in Bodn eini! Für mi bist du Weltmeister im Hundert Medda-Blädschaugn. Da wos du herkummst, stehlns oam ja von de Kellerfenster raus d'Schuahbandl! Und jetzt zisch ab, sunst gibt's an

Schlag, a Staubwolkn und deine Schuah stehnga alloa da!«

Doch nicht im Traum dachte der Gegner an Rückzug. Vielmehr nahm er seinen Gegenüber näher in Augenschein, um ihn auf körperliche Mängel hin zu untersuchen. Da er dabei am Kopf (den kurzgeschnittene rotblonde Haare und abstehende Ohren zierten) anfing, höhnte er zunächst einmal: »Für mi wohnst du in a feichtn Wohnung, weil deine Haar verrost san. Du mit deine Luftlandeohrn! Gell, dir platterten Semmegeist hams d'Haar mit da Goaßl gschnittn? Geh ma von da Naht, sonst kriagst a Schelln, dass da d'Zähn regimentsweis aus'n Mai nausmarschiern!«

Auch der andere hatte inzwischen diverse Mängel an seinem Widersacher erspäht: »Sei bloß du staad mit deim Schnittlauchkopf und deim Streichwursthals! Dir is ja a Ochs ins Gsicht neitretn und dann no drin ausgrutscht! Dei Kopf auf a Fahnastanga, und da nächste Kriag is gwunna! Schaugn tuast du so langsam, dass ma da unterm Geh d'Schuah doppeln ko. Du mit deim Affnfrackerl und deiner Hochwasserhosn! Di ham wahrscheinlich d'Zigeuner im Trab verlorn! Geh doch zum Kramer Maier und kaaf dir um a Fünferl a Ibidum« (Ichbindumm).

Daraufhin nannte ihn der andere einen Plattfuaßindianer mit X-Fiaß, durch die man mit Leichtigkeit ein Bierfass rollen könne. »Da wos du's Gsicht hat, da sitzn mia drauf!«, schleuderte er ihm entgegen.

Das Schöne bei diesen Wortgefechten war, dass mit erlahmendem Wortschatz die Agressionslust nachließ, sodass es oft gar nicht mehr zu den eigentlichen

Kampfhandlungen kam. Jeder hatte den anderen nicht ohne Wirkung vor seiner eigenen Kraft und Stärke gewarnt.

Besonders die Häuptlinge hatten einen schier unerschöpflichen Vorrat an Schmähungen. Allein was das Gschau des Gegners betraf, standen ihnen folgende Vergleiche zur Verfügung: wia a Schwaiberl, wenn's blitzt; wia a verbrennte Wanzn; wie a Goaßbock, wenn's donnert; wia a gspiebns Apfelmuas; wia a Henna, der's Brot gnomma ham. Gern wurde auch der Rat erteilt, ja keiner Kuh ins Antlitz zu blicken, weil der sonst die Mili im Euter sauer werde.

Der Herkunftsort des Kontrahenten wurde noch folgendermaßen geschmäht: Wos du herkimmst, tragns d'Kartoffe im Geignkastn hoam; sagns zua Goaß »eahm«; teans mit oam Fuaß heigna und mitn andern Gras maahn; möcht i net amoi als Fotografie hänga; ziagns d'Hosn mit da Beißzanga o; wern d'Knödl mit da Goaßl aufn Tisch naufghaut; fangas d'Flöh mitn Lasso; schüttelns an Kirchturm, weils koan Strick zum Läutn ham!

Gerne sagte man den Feinden auch nach, sie seien auf da Brennsuppn dahergschwumma und ihr Bürgermeister habe ihnen fünf Mark gegeben, damit sie nicht verrieten, wo sie herstammten.

Auch Hinweise auf den Bildungsweg waren beliebt. Da gab es die Formel: Gell, du bist in d'Baumschui ganga zum Lehrer Ast (oder Pflanzl). Noch stärker war: Dei Lehrer is im Schlachthaus gstorbn, des war nämli a Ochs!

Selbstredend war der Gegner so dumm, dass er brummte, und dazu noch nass oder grün hinter den

Ohrwascheln. Wenn er nicht gleich gar so beschränkt war wie dem Huberbauern sein Ganserer, der drei Wochen mit den Bienen flog, ehe er etwas merkte.

Über die Wirkung der Schläge, die den Feind erwarteten, waren nicht minder starke Sprüche im Umlauf! Oa Schlag, und du stehst im Hemd da! Oder: Oa Schlag, und da Sauerbruch steht vor am Rätsel! Worauf der andere erwiderte: Und wenn i hihau, dann is der zwoate Schlag scho Leichnschändung! Weshalb er dem andern auch anriet, auf den Nordfriedhof zu fahren – zum Probeliegn. Die gegenseitig angedrohten Schläge sollten ferner dahin führen, dass d' moanst, da Zeppelin hat di gstroaft; dass d' an Himmi für a Bassgeign oschaugst; dass d' de zwölf Apostel für a Räuberbande und an heiligen Geist für an Raubvogel haltst; oder gar, dass d' as Zeitliche segnest!

Doch wie gesagt: so heiß, besser gesagt kalt, wurde die Suppe nicht gegessen, wie man sie auftischte.

Verstehst hast ghört!

Als ein bayerisches Ski-Ass nach einem Abfahrtssieg von einem österreichischen Reporter ausgequetscht wurde, rumpelte ihm zwischen zwei Sätzen ein naturburschenhaftes »verstehst« heraus. Viele Bayern, die das gehört haben, haben geschmunzelt und sich gedacht: da schau her, dieser Sohn der Berge redet noch, wie ihm der Schnabel gewachsen ist, dem seine Zunge ist offenbar noch nicht in den Aspik der piekfeinen Ausdrucksweise gelegt worden.

Mir ist da gleich Thomas Wimmer eingefallen, Münchens einstiger Oberbürgermeister, dem das »verstehst«, wenn's grad gepasst hat, auch ganz leicht über die Lippen gegangen ist. Und dieser prominente Verstehst-Sager hat ein großes Heer von Münchnern und Bayern angeführt, die dieses Wörterl gleichfalls beinahe von der Wiege bis zur Bahre im Mund geführt haben. Verstehst?

Mädchen und Frauen haben es kaum angewandt; »verstehst« ist eine männliche Vokabel. Schon die kleinen Buben haben verstehstelt: »Nach der Schul hamma a Brausepulver kauft, verstehst, des hamma in d' Hand neigschütt, verstehst, dann hamma draufgspuckt, verstehst, na hat's an Zischerer do, verstehst, und dann hammas aufgschleckt, verstehst!«

Yes Sir, und das hat dann auch jeder verstanden.

In der Vorstadt, wo man sich noch zusätzlich profilieren musste, wurde das »verstehst« noch durch ein »hast ghört« drastisch verstärkt. Der Lucki und der Kare, diese inzwischen ausgestorbenen Vorstadtpflanzen, wären ohne dieses »verstehst hast ghört« gar nicht lebens- und redefähig gewesen. Um Abwechslung in die Sache zu bringen, drehten manche den Spieß auch um: »hast ghört verstehst?«.

Wenn sich die Zunge einmal das »verstehst hast ghört« angewohnt hatte, dann, hast ghört verstehst, konnte es kaum mehr ausgetilgt werden und blieb einem als Charakteristikum bis zum letzten Wörterl treu.

»Jetzt ist der Neumaier-Alisi aa gstorbn, verstehst?«

»Was? der Alisi, der wo immer ›hast ghört verstehst‹ gsagt hat?«

»Ja, genau der nämliche, verstehst hat ghört!«

Eine Variante des »verstehst« ist das »hast mi?« in dem Sinn von »hast du mich verstanden, kannst du mir folgen?« Es ist um eine Spur aggressiver, eine leise Drohung schwingt da mit: lass dich ja nicht unterstehn, mich nicht zu haben!

So wie manche, hast mi, unentwegt ein »gell« an ihre Worte hängen, gell, oder auch ein »oder« oder ein »oder net«, so verstand sich früher das »verstehst« wie von selbst, oder net?

Und so wie man heute »klar« oder »logisch« sagt, so gebräuchlich war einmal das »verstehtsi«, die Kurzform von »das versteht sich«

»Warst im Bierkeller?«

»Verstehtsi.«

»Hast wieder an Rausch ghabt?«

»Verstehtsi.«

»Und dei Dackl hat di dann hoamgführt?«

»Verstehtsi.«

Wen man gut verstand, den hörte man gehn: »I hör di scho geh!« Die Berliner sagen dafür: »Nachtijall, ick hör dir trapsen!«

Wenn wer etwas nicht verstehen sollte, verstehst, zum Beispiel die Kinder, dann sagte man zur Warnung: »Obacht d'Schindeln san am Dach!«

Nicht immer haben sich die »Verstehst-Sager« und die »Vastehste-Sager« auf Anhieb verstanden. Da gibt's die herrliche Anekdote aus dem ersten Weltkrieg: Münchner und Berliner in einem Lazarett in Frankreich. Berliner leiht sich Nachthaferl vom Münchner aus. Der bittet: »Wannst firti bist, duast's Haferl zruck.« Der Berliner: »Was haste jesagt?« Nun probiert es der Münchner anders: »Pipi fini, Potschamperl retour!« Darauf der Berliner: »Compris, camerade!«

Mausi und Gaggi lassen grüßen

Das kann einen als Bayern schon nachdenklich stimmen: dass wir gut und gern 500 saftige Schimpfwörter haben, aber Kosenamen bloß ein paar Dutzend. Haben vielleicht unsere sprachlichen Urgroßväter bezüglich der akustischen Streicheleinheiten zuwenig Phantasie entwickelt, ist's deshalb, weil bei uns aus erzieherischen Gründen viel lieber geschimpft als gelobt wird oder kommt's daher, dass wir uns nicht gern bei zarten Regungen ertappen, durch die raue Schale ins weiche Herz blicken lassen wollen?

So karg aber ist's um die bayerische Zärtlichkeit doch nicht bestellt, wie's den Anschein hat. Bei näherem Zusehen stellt sich heraus, dass viele unserer Schimpfwörter die Fähigkeit haben, sich flugs in einen Kosenamen zu verwandeln. Es kommt da ganz auf den Tonfall an, der angeschlagen, das Gschau, das dazu aufgesetzt wird.

Wenn eine bayerische Mutter ihr Töchterl eine Peitschn, eine Wichsn, ein Gscheithaferl, ein Trutscherl, ja sogar ein abgfeimts Luada nennt, und ihre Augen leuchten dabei voller Stolz, so weiß man, dass es sich um ein besonders geschicktes Madl handelt.

Dasselbe gilt, wenn ein Vater seinen Sohn mit wohlgefälligem Lächeln einen ganz odraahtn Bazi heißt, einen Hundling, einen ganz varreckten, ein Schlitzohr, einen Hallodri oder ausgfuchstn Haderlump. Weil ein bisserl was Anrüchiges, Raffiniertes, Nichtlegales, Bazimäßiges gehört schon auch dazu, wenn man einigermaßen erfolgreich durch dieses Leben kommen will.

Ja, es ist schon so: Wem von seiner »Mam« über den Scheitel gestreichelt wird, indes ein Nasentraller, ein Stutzkopf, ein Schafzipfe, ein Hemadlenz, ein Zrissfligl, ein Springginkerl, eine Ruaschn, ein Schlankl, eine Zimperliesl oder ein Rüape auf ihn niederfällt, der darf sich trotz allem geliebt fühlen.

Dass der Bayer sogar noch mit Schimpfwörtern streichelt, liegt wohl darin begründet, dass ihm große Worte und Schmeicheleien von Grund auf zuwider sind.

»Ich bete dich an und liebe dich aus tiefstem Seelengrunde, oh teures Wesen du!« Niemals würde einem echten Bayern solcher Schnickschnack über die Lippen kommen. Vielmehr würde er beiläufig sagen: »Hab i dir eigentlich scho amal g'sagt, Mausi, dass i di mag?« Worauf die Angebetete hierzulande in keine endlose Seufzerei und erst recht nicht in die Worte ausbricht: »Auch ich kann dich der glühendsten Erwiderung deiner Gefühle versichern, oh Egon!« sondern schelmisch zu ihm aufblickt und sagt: »I kon di fei aa ganz guat leid'n, Buale!« Wobei der Buale durchaus schon die Vierzig überschritten haben kann.

Zählen wir einmal zusammen, was uns an weiblichen Kosenamen einfällt. Da sind einmal aus der Vogelwelt der Spatz, auch als Spatzi und Spatzerl in Umlauf und alle drei mit einem langen »o« in der Mitte gesprochen; dann das Taibi und das Weibitaibi und schließlich noch das Moaserl, sonst als Meise bekannt.

Nicht Federn, sondern ein Fell tragen Maus, Mausi und Herzimausi, Goaß oder Goaßerl, Bäzi und Bärli.

Klein und handsam sollten das Binkerl, das Wuzerl und Muzerl, das Schnuckerl, die Schnucki, das Stutzerl, die Stutzi und das Trutscherl sein. Auf Musch und Muschi hören nicht nur Katzen, sondern auch Mädchen gern. Eine Schnecki oder ein Schneckerl braucht beileibe nicht so langsam zu sein wie das gleichnamige Kriechtier, sollte aber, um ihren Namen Ehre zu machen, gschneckelte Haare haben.

Praktisch und überall mit Erfolg anwendbar sind Herzi, Schatzi, Weibi.

Mit einer Hexi möchte wohl mancher gerne auf dem Blocksberg oder noch lieber auf der Zugspitz übernachten. Dann fällt uns grad noch die Mucki, die Bobbi, die Puppi und das Pupperl ein.

Noch karger ist die Liste der Kosenamen für das männliche Geschlecht. Hier handelt es sich fast ausschließlich um rührende Zeugnisse der Mutterliebe. Der Manndi und der Bürschi, der Buale, Buzi und Biwi, der Zwaggi, Waggi und Gaggi erhielten diesen Namen in den ersten Monaten ihres Daseins in die Wiege geschmust und behalten ihn oft bis zum Lebensende.

Pfoadgebildet

»Sie wünschen?«, fragt die Verkäuferin.

»Ich möchte gern ein elegantes Pfoad«, sagte ich.

»Ein bitte was?«

»Ein Pfoad«, wiederholte ich. Sie werden doch hoffentlich wissen, was ein Pfoad ist? Ich möchte es längsgestreift haben, etwas tailliert und ausreichend lang. Das Gröbste muss bedeckt sein, Sie verstehen?«

»Ich versteh leider gar nichts«, sagte die unbedarfte Maid. »Ein Pfo-a-d, was soll denn das sein?«

»Hören Sie, Fräulein«, sagte ich, das modische Pfoad ist in aller Munde. Sie haben doch sicher eine Fachschule besucht. Ist Ihnen denn da wirklich noch nie ein Pfoad untergekommen?«

»Leider nein!«

»Unmöglich! Sie selber haben sogar schon oft ein Pfoad getragen. Ob Sie allerdings im Moment eins anhaben, kann ich nicht beurteilen.«

Sie schaute mich ganz entgeistert an. »Hören Sie«, fuhr ich fort, »ich werde Ihnen jetzt einen volkstümlichen Vers vortragen und danach werden Sie wissen, was ein Pfoad ist!«

Ich spitzte die Lippen und sang ungeachtet der anderen Kundschaft im Laden:

Und's Gamserl im Gwänd
hat an Orsch, an weißn,
wia de Dirndl auf d'Nacht,
wanns as Pfoad wegschmeißn!

Da nun ging ein Erröten über ihr Gesicht und sie sagte: »Aha, Sie wollen eine Unterhose haben. Da haben wir verschiedene Qualitäten vorliegen, zum Beispiel ...«

»Sie Patscherl«, unterbrach ich, »Sie glauben doch nicht im Ernst, dass ich eine längsgestreifte taillierte Unterhose, womöglich noch in langer Ausführung, tragen will! Bin ich pervers? Nein, ich will ein richtiges schönes Pfoad haben, Größe 50 bitte, wenn's gefällig ist.«

Ein Dutzend Kunden umstand uns inzwischen und verfolgte gespannt den Diskurs. Auch der Geschäftsführer war aufmerksam geworden. Er trat hinzu und sagte nicht ohne Schärfe: »Darf ich vielleicht erfahren, um was es geht?«

Ich sagte: »Mein Begehr steht nach einem Pfoad, wenn Sie nichts dagegen haben!«

Er: »Wir führen keine Pfoade!«

»So », sagte ich und deutete auf Stöße von Hemden hinter ihm im Regal, »und was ist das?«

»Das sind Hemden!«

»Aber ein Pfoad ist ja ein Hemd«, sagte ich, an den immer größer werdenden Kreis aus Kunden und Verkäuferinnen gewandt. »Aber gestatten Sie zunächst, dass ich mich vorstelle. Ich bin der 1. Vorsitzende der Liga für die Anwendung altehrwürdiger bayerischer Wörter im Alltag, und in dieser meiner Eigenschaft benutze ich jede Gelegenheit, um für unser Anliegen zu werben.«

»Aber Hemd ist doch auch ein sehr altes Wort«, warf nun eine Kundin ein, und die meisten anderen nickten dazu bestätigend mit dem Kopf.

»Hemd ist kein besonders schönes Wort«, erwiderte ich. »Weshalb es ja auch die Engländer shirt nennen. Und die Bayern Hemat. Wie weich und wohlklingend dagegen ist Pfoad, oder, wie man auch sagte, Pfaid, und zwar die Pfaid, und um wieviel gebildeter auch ist der, der dieses Wort gebraucht!«

»Wieso?« fragte jetzt eine bessere Dame im Hintergrund.

»Weil es aus dem Griechischen stammt und über die Goten zu uns Bayern gekommen ist.«

»Mein Edi lernt auch Griechisch«, meldete sich darauf eine Frau, »Er besucht die 11. Klasse im Guminasium. »Bitte«, wandte sie sich an die Verkäuferin, »geben Sie mir für meinen Sohn zwei Skipfoade Größe 38 und ein Nachtpfoad mit Spitzen für mich.«

Auch die anderen Kunden, endlich aufgeklärt und pfoad-gebildet, drängten sich um die Regale und verlangten nach Pfoaden. Der Geschäftsführer aber sagte: »Das ist ja hochinteressant, toll ist das, einmalig!«

Er rief den Dekorateur zu sich und trug ihm auf, unter dem Firmenschild mit der Aufschrift »Hemden-Truhe« die Zusatzbezeichnung »Pfoad-Hütte« anzubringen. Mir selber drückte er ein wunderschönes Maßpfoad in die Hand mit den Worten: »Ein Geschenk unserer Firma als Dank für Ihr mannhaftes Eintreten für altes bayerisches Sprachgut. Pfüat Ihnen immerpfoad!«

Ja, solche Firmen, solche Geschäftsführer, solche Geschäftsinhaber möchte ich öfter erleben!

Fortgeschwemmte Sprachbrocken

Wer schon ältere Ohrwaschl hat, dem fällt auf, dass er manche Ausdrücke und Redewendungen nur noch selten, andere überhaupt nicht mehr hört. Viele junge Leute, obwohl gebürtige Bayern, gar Kinder, wissen damit meist nichts mehr anzufangen, schauen uns fragend an, wenn uns einmal etwas davon rausrumpelt.

Wer weiß z. B. noch, dass ein aufgstellter Mausdreck ein kleiner Wichtigtuer ist, der sich aufmanndlt, vielleicht gerne mit den Glubberln (Finger) Bärndreck (Lakritzen) in seinen Brotladen (Mund) schiebt, der auch Waffel, Schnadern, Gwaaff oder Schmalzrüassl genannt wurde?

Aufs Potschamperl, den französischen pot de chambre, das Nachthaferl, ging der aufgestellte Mausdreck wohl nicht mehr, aber möglicherweise hatte er einen Baamhackl (Dreckkruste) an den Krautstampfern oder Betonstößln, also den Füßen, und im Gesicht einen Ruferschmarrn (Schorf um den Mund) oder gar einen Zidracha (flechtenartiger Hautausschlag).

Jedenfalls war er ein junger Dutterer, der Mutterbrust noch nicht allzu lange entwöhnt, und noch keine lange Lattn, ein Gstams oder langs Elend, schon eher noch ein Lalli, der dummes Zeug daherlallte und gerne Kracherl oder Springerl (Limo) zuzelte. Doch meistens hieß es, wenn der aufgstellte Mausdreck Durst anmeldete, er solle sich an die Langkragerte halten, womit die Wasserleitung gemeint war.

Nun zu den Mädchen. Sie waren scharf auf Hauchbillettl, die sich, hauchte man sie an, aufringelten. Man bekam sie vom Fräulein, der Lehrerin, wenn man beim

Unterricht aufpasste wie ein Haftlmacher (die einst Schnürhäkchen und -ösen gefertigt hatten.)

So manches Dirndl hatte ein Himmischmeckerl, eine aufwärts stehende Nase, und Sommermirl (Sommersprossen). Mädlfetzer, Buben, die sich bei ihnen anwanzten, wurden bekichert, schmeichelten aber doch schon ihrer Eitelkeit. Es gab Mädchen, die richtige Zozn oder Zodln hatten, also schlampige Haare, und wenn die von der Mutter ausgekämmt wurden, flossen Zacherl oder Wasserburger.

Alle Kinder liebten damals den Waffelbruch, den Boxer, den Amerikaner und den Warschauer, all dies begehrte Fünferl-Süßigkeiten aus der Bäckerei. Ein nur spärlich belegter Zwetschgendatschi wurde Eisenbahner-Datschi genannt, weil die Zwetschgen so weit auseinanderlagen wie Halte-Stationen.

Von Joghurt und Kefir verdrängt ist längst die Gstöcklte (saure Milch), die Ochsenaugen schaun als Spiegeleier aus der Pfanne, eine Wasserschnalzn (Wassersuppe) gibts nicht einmal mehr in St. Adelheim (Stadelheim).

Zahnärzte werden es nicht gern hören, dass sie früher Fotznspangler, Friseure, dass sie Baderwaschl und Theologiestudenten, dass sie Pfarrerlehrbuam genannt wurden. Ein Tango-Liebhaber musste sich Tanzfiesl schimpfen lassen, ein Herumstreuner Vagierer, ein heruntergekommenes Individuum Baraber, eine schlampige Frau Ruaschn, ein Schwätzer Schmarrnküwe.

Feine Damen trugen ein Parasol (Sonnenschirm) und fuhren in der Schäsn (franz. la chaise, Kutsche). Niemals hätten sie im Kino einen Rasierplatz (vordere Reihen) eingenommen oder gar in einer Menscherkammer (Mägdekammer) übernachtet. Auch den Sozius (Rücksitz) eines Schnauferls (leichtes Motorrad) hätten sie niemals bestiegen.

Der Herr Gemahl besaß ein halbes Dutzend feiner Gilets (Westen), ein Schmisettl (gestärkte Hemdbrust) und einen Gehsthintre, einen Frack. Auch trug er einen Zwicker (Brille mit Nasenklemme), schreckte aber meist davor zurück, der Kellnerin als Trinkgeld einen Zwickl (Zweimarkstück) zu geben. Nach einem Ehekrach versöhnte er sich mit seiner Frau Gemahlin mit einem Zwickerbussi.

Alle wussten dazumal, dass eine Stranitze eine Tüte war und ein Schwing ein runder flacher Korb ohne Henkel, eine Klufer eine Klammer, ein Salettl eine Veranda oder ein kleiner Saal, ein Zeiserlwagen ein Gefängnisauto, ein Graigodern eine Zither und ein Zuaweziahga oder -zaara ein Fernglas oder Operngucker, dass man zum Majoran Maigram, zu den Roten Rüben Rana, zu den Gurken Gugumara (aus dem Lateinischen) sagte.

Soll man aber nun, weil dies alles und noch viel mehr zumeist in den grauen Sack des Vergessens gefallen ist, ein Ramasuri (geräuschvoller Umtrieb) anrichten? Zweck hätte es keinen. Die Sprache war schon immer ein breiter Strom, der nicht mehr zeitgemäße Brocken forttrug und dafür neues Wort-Geröll anschwemmte. Wozu vielleicht ganz gut der deutsche Kauderwelschsatz passt: »Da kannste machen nix, da musste gucken zu.«

Bairisch für alle

Wie damals der Religionslehrer vom Pfingstwunder erzählte, also vom Heiligen Geist, der in Gestalt feuriger Zungen über den Häuptern der Apostel erschien, worauf sie sozusagen von einer Minute zur anderen mehrsprachig wurden, blickte ich verstohlen nach oben, ob vielleicht nicht auch über meinem Kopfe so ein wundersamer Sprachenvermehrer schwebe; denn für die nächsten Tage waren wieder grausame Schulaufgaben in Französisch und Latein angesagt.

Natürlich war es dem Heiligen Geist nicht im Traum eingefallen, das Hirnkastl des gestressten Realschülers zu erleuchten und etwa den Vokabelschatz der zur Debatte stehenden Lektionen einzuspeichern, von der dazugehörigen Grammatik ganz zu schweigen. Und so musste ich mich wieder einmal selber auf den wepsigen Hintern setzen und hart büffeln, anstatt auf der Theresienwiese aufs runde Leder zu hauen.

Ist das Leben nicht schon schwer genug, dass die Menschheit auch noch ein paar hundert verschiedene Sprachen sprechen muss, die sich ebenso krass voneinander unterscheiden wie Taubengurren von Pferdewiehern, wie Grillengezirp von Ochsengebrüll, wie Entengeschnatter von Affengekreisch? Hätte nicht eine einzige Sprache für alle – sagen wir gleich einmal der Einfachheit halber Bairisch – genügt? Dann hätte sich nämlich der Heilige Geist zu Pfingsten gar nicht eigens herabbemühen müssen.

Jeder hätte jeden verstanden, statt Fremdsprachen-Unterricht hätte man Turnen oder Singen geben und sich den ganzen Schnickschnack wie Sprachenschulen,

Dolmetscherdiplome und Übersetzungsbüros schenken können.

Wie viele hoffnungsvolle junge Menschen mussten und müssen weiterhin allein wegen Latein, einer Sprache, der sich die fortschrittlichen Italiener längst entledigten, ins Durchfaller-Gras beißen! Wie stark muss die Lobby der Lateinlehrer in diesem unserem Lande sein, dass ihnen immer wieder neue Schülerjahrgänge aufgeopfert werden! Unter ihrem Einfluss ließ sogar der ehemalige bayerische Landesvater Franz Josef von Zeit zu Zeit lateinische Brocken auf die erstaunten Zehen seiner Untertanen fallen.

Bei einer einzigen Sprache gäbe es sicher auch weniger Kräche und Kriege. Weil die ewigen Missverständnisse, von Dolmetschern oft noch verschlimmert, endlich wegfielen. Jeder würde im anderen viel eher den Bruder, die Schwester, den. Onkel Wasti, die Tante Frieda und die liebe Schwiegermutter erkennen. Aber wenn der eine unter »buona notte« »gute Nacht« versteht und der andere »schöne Gunstgewerblerin«, dann bauen sich halt schier unüberwindliche Barrieren auf.

Was sich übrigens der Heilige Geist dabei denkt, wenn er gelegentlich über dem Hinterkopf einer gewissen Münchner Metzgerin erscheint, sodass sie mit Gastarbeitern mit folgender Rindszunge redet: »Wenn du wollen warmen Leberkäs, dann du müssen kommen um fünf Uhr retouri«, das möchte ich zum Schluss auch noch gerne wissen!

Die junge Alte

Eine brave bayerische Schwiegermutter hat dieser Tage händeringend um Hilfe gebeten. Man solle doch bitte die norddeutsche Schwiegertochter darüber aufklären, dass der Ausdruck »Oide« (Alte) für Ehefrau landesüblich und absolut keine Beleidigung sei.

Folgendes war passiert: Mitten im zwanglosen Gespräch zwischen ihrem Mann, ihrem Sohn und der Schwiegertochter hatte der Erstgenannte arglos die (ziemlich junge) Alte seines Sohnes ins Spiel gebracht. Zum Sohn gewandt, hatte er gesagt: »Was moant denn eigentlich dei Oide dazua?«

Unmittelbar darauf war eine schwere Familienkrise ausgebrochen. Die Schwiegertochter hatte einen hochroten Kopf bekommen, mit dem Fuß aufgestampft und gesagt, jetzt reiche es ihr! Dann hatte sie den betreten dreinschauenden Ehemann vom Stuhl gerissen und war als tiefbeleidigte Leberwurst mit ihm davongerauscht.

Zwei volle Wochen herrschte Funkstille. Die Schwiegertochter nutzte sie dazu, Erkundigungen über die »Oide« einzuziehen. Sie bemühte leider vor allem Friesen, Braunschweiger und Mecklenburger. Danach war sie noch mehr davon überzeugt, dass »Oide« so ziemlich die schwerste Beleidigung ist, die eine Junge treffen kann. Jetzt dürfen ihr die Schwiegereltern nicht einmal mehr was zum Geburtstag schenken!

Zum Glück fand sich in dieser brenzligen Situation ein sachkundiger Gutachter, nämlich der zweite Liebhaber einer bayerischen Bauernbühne, der an Eides Statt erklärte:

In meiner Eigenschaft als langjähriger Alten-Besitzer sowohl im realen Leben wie auch auf der Bühne versichere ich hiermit allen zugewanderten Schwiegertöchtern und solchen, die es werden wollen, dass es in sämtlichen Weltsprachen kein ehrsameres Wort für Ehefrau als das in Bayern übliche »Alte« gibt. Besonders dann, wenn es ortsüblich »Oide« ausgesprochen wird, ist es von kaum zu überbietender wohllautender Lieblichkeit.

Für der Landessprache Unkundige fügte er hinzu: Man orientiere sich bei der Aussprache an dem Wort Eule, lasse das »le« am Ende weg und füge statt dessen ein »de an, und schon hat man die Oide, wie sie leibt und lebt, wobei Ähnlichkeiten mit einer wirklichen Eule rein zufällig wären.

Das Wort besagt nichts anderes (so schließt das Gutachten), als dass die Oide oder Alte keine Eintagsfliege ist, sondern jenes vertraute Geschöpf, das einem in der Regel bis zum Ende der Tage erhalten bleibt. Das augenblickliche Lebensalter ist dabei unerheblich. Mit 19 kann man schon genauso eine Oide sein wie mit 91. Übrigens steht es in Bayern umgekehrt auch jeder Oiden zu, ihren Mann schon im ersten Ehejahr »Oida« (Alter) zu nennen.

Soweit das Gutachten. Wie wir erfahren, hat die Schwiegertochter, nachdem sie es von den Schwiegereltern zugeschickt bekommen hat, inzwischen signalisiert, dass es sie trotz einiger noch bestehender Zweifel im großen und ganzen überzeugt habe und sie nun doch um des lieben Friedens willen bereit sei, Geschenke zu ihrem Geburtstag anzunehmen.

Wenn die junge Alte aus dem Norden so weitermacht, hat sie, so glauben Insider, alle Aussichten, eines Tages noch eine ausgezeichnete Oide zu werden!

Wortschatzarme Münchner Kindl

Wie reich an Taschengeld, doch wie arm an Wortschatz ist die Jugend von heute! Da fällt so einem Jungspund, der einem anderen bedeuten will, er solle gefälligst verschwinden, nichts anderes ein als ein farbloses »hau bloß ab«, und dieser Comic-strip-Heftl-Leser weiß auch nur ein blasses und landfremdes »zieh doch du Leine!« darauf zu erwidern.

Früher lautete die Spruch-Litanei, alphabetisch geordnet, wie folgt: Druck de, husch de, putz de, schleich de, schwing de, troll de, valier de, verroll de, zupf de, zwick de, zwurl de; des weiteren: schiab ab, stink ab, zisch ab!

Wieviel Farbe, welch originelle Kraft liegt in diesen Aussprüchen, und wie hätten wir wohl gelacht, wenn uns darauf einer mit einem schwachbrüstigen »mach 'ne Fliege!« geantwortet hätte.

Ein anderes Beispiel: Wenn einer, zum Beispiel bei Glatteis, gestürzt war, so konnte das außer mit »hingefallen« (higfoin) viel anschaulicher ausgedrückt werden mit gstraat, gstrullert, gschmissn, gkörbe(l)t, zrissn oder baut.

Für »stehlen« gab's die einprägsameren Worte daachen, gripsn, krampfe(l)n und damisch haun, und wenn schon wurde, dann wie eine Turmdohle: »Er hat gstoin wiara Daache.«

Anstatt »schauen/spähen« sagte man linsn, lurn, spechtn, für »horchen« lieber lusn oder d'Ohrwaschl spitzn, für »schimpfen/nörgeln« einprägsamer mambsn, massln, mauln, koppn, meckern, meitern. Wer humpelte, der harpfte, hatschte, schlurfte, der Schwindeler hat pratzlt, prellt, gschlenzt, ausgschmiert oder auf d'Rolln gschobn, der Schlamper schlampte, schluderte und hudelte, und der Lätschnbeni war so lätschert wie eine dreimal aufgwärmte Brotsuppn.

Von lätschert ist's nur ein Katzensprung zur Lätschn, dem missmutig verzogenen Mund: »Er/sie lasst d'Lätschn hänga, dass ma schier drauftretn kunnt.« Weitere bildhafte Namen für das Mäu sind d'Goschn, d'Fotzn, da Rüassl, d'Waffe, 's Gwaaff, d'Trenschn und d'Schnadern, die es allesamt, wenn's brenzlig wird, zu halten gilt.

Gespeichert waren all diese Ausdrücke im Kopf, der viel lieber Belli, Bimmerl, Grind und Schädl, in Spezialfällen auch Gschwollschädl und Quadratschädl genannt wurde. Die Nase war der Zinken oder das Himmischmeckerl, die Ohren wurden d' Ohrwaschl oder d' Löffi genannt (die auch einem Rotzlöffi gehören konnten), der Hals war der Kragn oder die Sängerhalle, und spezielle Krägen waren wiederum der Geizkragn und der Neidkragn.

Viele dieser alten urbayerischen und Urmünchner Ausdrücke sind in den letzten Jahrzehnten die Isar hinuntergeschwommen, der Alltagssprache entglitten, auf Nimmerwiederhören verhallt. Auch das einst straßauf straßab gebräuchliche »Servus«, mit dem man sich sozusagen lateinisch-münchnerisch und alles andere als liebedienerisch (Servus = Diener) begrüßte oder verabschiedete, hat nicht nur in Realschülerkreisen einem ebenso ortsfremden wie lätscherten »Tschüs« weichen müssen. Und wer sagt eigentlich noch wie ein gelernter Pariser »mersse« (merci), wenn er etwas geschenkt bekommt?

Auf alle Fälle ich, der ich mich nun mit einem »Servus beinand und mersse« für Ihre Aufmerksamkeit gleichzeitig schwing, zupf, troll und varoll – aber nie und nimmer Leine zieh oder gar eine Fliege mach.

Wandlungen

Früahra hat ma
zum Frühling Lenz
und zum Lenz
Lanks gsagt.

Und zum Dienstag
Irda
und zum Mittwoch
Migga
und zum Donnerstag
Pfinsta.

Aber dafür
sagt ma heit
zu de Früahkartoffe
Azubis
und zum Kaas
Kunst
und zum Dampfnudldoag
Bavarian way of life.

Früher und heit

Der ferne Hauch der Vergangenheit

Herr Maier, von Beruf Rentner, hat schon ewig und drei Tag keinem mehr den Vogel gezeigt, die Zunge herausgestreckt oder eine lange Nase gedreht, noch ist ihm das selber, außer in seiner Schulzeit, widerfahren. Auch dass ihm ein »geh leck mi doch« (natürlich ohne Zusatz) herausgerutscht wäre, ist ihm nicht erinnerlich. An der Nase herumgeführt ist er dagegen schon öfter worden, Nase gebohrt hat er dagegen nur in Ausnahmefällen. Dass man ihm die Ohren langgezogen hätte oder geschopft, stimmt zwar, aber er hat es seinen Eltern längst verziehen, weil er halt manchmal ein rechter Lausbub gewesen ist.

Wenn er an seine damaligen Vorlieben, heute längst aus der Mode gekommen, denkt, muss er mit einem Radlrutsch, so sagte man damals zum Roller, weit in die Vergangenheit zurückfahren. Wo spielen Kinder noch Räuber und Schandi, Fangermanndl, Schneider leih ma dei Scher, Blinde Kuh, Fahre fahre Zug, der Letzte muss alles bezahlen? Wo wird noch gedrallert oder geschussert? Selbst Pfarrer müssen das damals gemacht haben, wie dieses alte Verserl meint: »Und droben am Bergerl, da steht a Kapelln, da gehnga drei Pfarrer zum Schusseroprelln.« Auch das Langsterln (Langaus) war beliebt. Dabei schusserte man sich die Randsteine entlang nach der Schule nach Hause. Die Gewinner sackten meist Zigarettenbuidln ein, die fast allen Schachteln beilagen.

Vorläufer des Tretautos war der Gig, aus Kistenbrettln und alten Kinderwagen zusammen gebastelt. Andere trieben Reifen durch die Straßen oder führten im Trab ein altes Kinderwagenradl an einem Stock durch die Gegend. Die Mädchen betätigten sich als Pflastermalerinnen und hüpften Häusl, ein Stoandl auf dem Zeigefinger oder auf einem Fuss balancierend. Eines Tages sprang dann das Jojo von Amerika in unsere Kinderfinger hinein. Mit dem Hacklstecken des Großvaters wurde in den Höfen Hockey gespielt, auf Vorstadtwiesen bis zum Wadlkrampf Fußball, als Bier-Shepa erste Bekanntschaft mit dem Dunklen, das Helle war kaum gefragt, geschlossen. Im Milchladen gab es noch die Gstöckelte, abgefüllt in irdene Schalen, beim Bäcker den Warschauer, die sogenannte Armeleutetorte, zusammengebacken aus Teigresten, einen ordentlichen Ranken schon um ein Fünferl erhältlich.

Das Fernsehen lag noch im Schoß der Zukunft, an lauen Abenden pflegten Erwachsene immerhin schon das Nahsehen, praktiziert am offenen Fenster und aufgestützt am kissenbelegten Fensterbrettl. Dabei waren manchmal interessante Beobachtungen zu machen. Was hatte etwa ein vom Wirtshaus heimkehrender Nachbar in einem Nebenhaus zu suchen, in dem eine flotte Witwe wohnte? Wenn abends nicht das Radio dudelte, vertrieb sich die Familie die Zeit mit Karteln oder Brettspielen. Beim Mensch-ärgere-dich-nicht-haben sich kindliche Verlierer dennoch geärgert. Da und dort lauschten Enkel auch gespannt den Spukgeschichten, die eine Oma zu erzählen wusste.

Abwechslung in den Tageslauf brachten Hausierer, Scherenschleifer und Lumpensammler. »Geht's raus Leit, rotbackerte Äpfe hamma heit, 's Pfund bloß a Zwanzgerl heit!« klang es die Fassaden hinauf. Für Poesie waren die Hinterhofsänger zuständig. Zu schluchzenden Geigen und singenden Sägen brachten sie alte Küchenlieder wie die »Waldeslust«, den »Woaslbua« oder »Mariechen saß weinend im Garten« zu Gehör, den »Argonner Wald um Mitternacht« oder »Hawaii, eine Insel aus Träumen geboren«. Als Dank regnete es einpapierlte Münzen aus den Fenstern. So manche brave Hausfrau nickte wehmütig, wenn es »Schön ist die Jugend, sie kommt nicht mehr« zu ihr heraufklang, und wir Kinder spürten, als wir im Hof das Geld einsammelten und in den am Boden stehenden Hut warfen, dabei einen Augenblick lang schon den fernen Hauch der Vergänglichkeit.

Wo der Rauch aufsteigt

Und da Rauch steigt in d' Höh / und mei Herz tuat ma weh / wenn i denk, wia dahoam iatz / da Rauch steigt in d' Höh …

Diesen Vers hab ich in einem alten Bauernkalender gefunden – und er hat mir das Herz erwärmt. Mit schlichten Worten wird uns da vom Heimweh erzählt. Dort, wo der Rauch in die Höhe steigt, da ist der Ausgangspunkt, das Heim, die Heimat. Es genügte, sich die graue Fahne vorzustellen, die aus dem Kamin weht, und schon war diese Heimat mit all ihren Vertrautheiten gegenwärtig.

Wo der Rauch aufsteigt, da ist auch der Herd. Der Herd, in dem das Feuer knistert; der Herd, an dem die Mutter steht und die Suppe kocht; der Herd mit dem Grandl voll warmen Wassers und der Holzkiste darunter; der Herd, aus dem sich das Ofenrohr hervorwindet wie der silber glänzende Arm eines Ritters.

Wo gibt es heute noch einen Rauch, der einen nach Hause zieht, eine Rauchfahne, an der Erinnerung hängt? Wie viele Kinder sehen noch ihre Mutter am Herd stehen mit anmutig gerötetem Gesicht, wie viele den Vater mit einem alten Seitengewehr »Spreißl« machen? An einen Elektro- und Gasherd, an Heizkörper und Ölofen, und seien sie noch so glänzend, so praktisch, so bequem, wird sich später gewiss niemand erinnern!

Vielen von uns ist es unvergesslich, wie am frühen Morgen im Winter oder an den Abenden der Widerschein des Herdfeuers, freigelassen durch die gesprungene Ofenplatte, auf Wänden und Decke tanzte, sodass man die Behaglichkeit fast mit Händen greifen konnte und, dem Zauber der Stunde verfallen, lange kein Licht anmachte. Oder wie die Bratäpfel am Rand der Platte schmorten und mit ihrem Duft die Stube füllten, die eingeschnittenen Maroni auf den Herdringen hüpften.

Und es war auch eine andere Wärme! Sozusagen eine persönliche, eine hausgemachte, eine Wärme, für die man selber verantwortlich war und nicht ein Hausmeister oder Ingenieur in einem Heizkraftwerk.

Und noch etwas kommt dazu: Wir haben uns jener elemntaren Tätigkeit begeben, die der Mensch seit Jahrtausenden geübt hat und die ihn in Wahrheit erst zum Menschen gemacht hat – der Kunst des Feuermachens! Als uns die Industrie unserer Bequemlichkeit (und wohl auch ihres Vorteils) willen die Wärme frei Haus lieferte, hat sie uns gleichzeitig einen Mythos aus der Hand genommen und uns als Zauberer arbeitslos gemacht.

Uralte Zeremonie: das Hineinknüllen des raschelnden Papiers ins Ofenloch, das kunstvolle Schlichten der Späne, die maßvolle Dreingabe dünnerer Scheitln, dann das entflammte Zündholz in hohler Hand hineingeführt, damit es der Zug nicht lösche, die Flamme an zwei, drei Stellen angesetzt, die Herdringe drübergeworfen und den Deckel, aber nicht ganz, ein Spalt musste bleiben. Und schon sprang das Feuer vom verkohlenden, zusammensinkenden Papier prasselnd auf die Späne über.

Der Mensch davor, der große Zeremonienmeister, hütete den entfachten Brand, legte, wenn der Zeitpunkt gekommen, dickere Scheite nach, oder schwenkte die Kohlenschaufel. Allmählich rötete sich die Herdplatte, und der Wasserkessel fing zu singen an.

Was ein richtiger Ofen war, der konnte aber auch selber Musik machen. Er knackte und fauchte, genüsslich schmatzend fraß er seine Mahlzeit. In der Dampfheizung knackts zwar auch manchmal; aber das ist, wie wenn ein ferngesteuerter Geist Xylophon spielte.

Unser Rauch ist es nicht mehr, der aus dem Kamin kommt. Er geht uns überhaupt nichts an, dieser Rauch, und niemals würden wir nach ihm Zeitlang haben wie jener vergessene Poet, dem das Herz überlief bei dem Gedanken, wie jetzt daheim der Rauch in die Höhe steige.

Atmen im rosigten Licht

Jeder Mensch muss einmal sterben, hat der Mesner von Walpertskreith gesagt, vielleicht sogar einmal ich.

Ja, es ist schon wahr: Beim Sterben denkt man zuerst an die anderen und, wie der brave Mann, an sich selbst zuletzt. Und so sagte auch die Frau Hirneis voller Unschuld zu ihrem Mann: Wenn eins von uns zwei einmal sterben sollt', dann zieh' ich zu meiner Schwester nach Ingolstadt.

Schämen wir uns, aber geben wir's dennoch zu: bei aller Trauer, die wir an offenen Gräbern empfinden, so manches Mal lässt sich ein aufsteigendes Gefühl von Dankbarkeit, eine winzig kleine Genugtuung nur schwer niederhalten: Wir sind noch einmal davongekommen! Indes der Priester seine Gebete murmelt, fällt uns eine Zeile von Schiller ein: Es freu sich, wer da atmet im rosigten Licht!

Aber wir kriegen unseren Dämpfer schon! Kaum sind wir draufgekommen, dass der Vers aus dem »Taucher« stammen muss, sagt der Geistliche: Und nun lasst uns ein Vaterunser beten für den Nächsten aus unserer Mitte, der vor das Angesicht Gottes gerufen wird!

Es geht ja noch, wenn an die 200 Trauergäste versammelt sind, aber bei einem Häuflein von acht oder neun wird die Sache schon ganz schön brenzlig!

Früher hat es sich gehört, dass man daheim gestorben ist, in seinem eigenen Bett und angesichts des Kuchlkastens, in dem in der obersten Schublad' das Sparbüchl in einer Zigarr'nschachtel aufbewahrt lag. Das hat einem Halt und Sicherheit gegeben.

Heute, da es zur schlechten Angewohnheit geworden ist, im Krankenhaus zu sterben, gestorben zu werden, ist man von fremden Menschen und Gegenständen umgeben und weiß nicht, was aus seinem Sparkassenbuch geworden ist. Man stirbt in Einsamkeit, von antiseptischer Kälte umgeben. Der Verstorbene hat es nicht mehr mitgekriegt, sagt man den Angehörigen zum Trost, wie er in das bewusste Kammerl geschoben worden ist. Wirklich?

Wie traurig und gleichzeitig heiter ist da eine Geschichte aus dem Bayerischen Wald, die uns Max Peinkofer überliefert hat: Der alte Austragsvater liegt auf dem Sterbebett, sein Atem wird immer schwerer, Frau, Kinder und Gesinde sind weinend um ihn versammelt. Schließlich fordert das Vieh im Stall immer lauter nach seinem Futter. Da nun richtet sich der Alte mühsam auf und ruft jeden einzelnen wie zum letzten Appell beim Namen: »Und du Girgl, bis du aa da?« – »Freili, Bauer«, sagt der Rossknecht und tritt als letzter ans Bett. Daraufhin nimmt der Sterbende alle Kraft zusammen und ruft mit wahrer Donnerstimme: »Ja, Ihr Faulenzerbande, schaugts net glei, dass in Stall nauskemmts zum Fuadan!«

Die bayerische Staatsregierung hat einmal versprochen, dass in Bayern jeder Bauer bleiben könne, der das wolle. Bei Peinkofer durfte man das noch bis zum letzten Atemzug. Heute müssen auch Bauern in Krankenhäusern sterben, fern von ihrem Sach, ihren Wiesen und Feldern.

Warum eigentlich? Hoffentlich nicht deshalb, weil es zu umständlich, weil es nicht mehr modern ist, zu Hause zu sterben, und hoffentlich auch nicht deshalb, weil das Kreiskrankenhaus gerade wieder einmal schlecht belegt ist!

Aufgebahrt in der guten Stube, die Nachbarn versammelt zur Totenwache, auf ihren Schultern hinausgetragen werden aus Haus und Hof. Herrschaftseitn, das war noch was! Was ist das für ein armseliges Sterben geworden in der mitleidlosen Anonymität einer Klinik!

Vielleicht zwei Tage länger gelebt, aber wie?

Auch wer in der Stadt lebt, sollte ein Recht darauf haben, in seinen eigenen vier Wänden sterben zu dürfen, wenn er das will, von einem Enkelkind gestreichelt, beruhigt zu werden vom vertrauten Ticken des Regulators, der schon den Eltern die Stunden geschlagen hat.

Was nützen Tausende von Soziologen, Psychologen und Pädagogen, wenn die einfachsten Dinge nicht mehr gewusst und verstanden werden, wenn das Natürlichste schon als abnorm gilt? Als die Frau Gmeinwieser gestorben war und noch eine Nacht in der gemeinsamen Wohnung mit Tochter und Schwiegersohn verblieb, wurden sie am anderen Morgen von den Nachbarn entsetzt gefragt, ob sie sich denn da nicht gefürchtet hätten!

Da fehlt's doch, oder?

Verblüahte Rosn

Heit möcht i riacha
an verblüahte Rosn,
heit hab i Zeitlang
nach Buamakniahosn,
nach Drallern und Schussern
und Barfuaßlaaffa,
heit daat i gern
an Spritzdiezl kaaffa.
An Ben Hur möcht i lesn,
an Winnetou Band drei,
sogar Tatzn möcht i
vom Hauptlehrer Schrey.
Zu oim, was früher war,
ziahgts mi heit hi.
I glaab, i hab a
sauberne Nostalgie.

Schulausflug anno dazumal

Wenn die Maiensonne durch die großflächigen Fenster des Klasszimmers schien und goldene Kringel auf die große schwarze Tafel malte, dann floh die Phantasie der kleinen Einmaleins-Gefangenen hinunter in den Schulhof, eilte die Straßen entlang und spielte sich mit »Räuber und Schandi« in die Freiheit der Hinterhöfe.

Der kleine Rudi saß auch unter diesen Träumern. In der Pause allerdings zeigte er sich als Mann der Tat. In einer vielbeachteten Aktion (Äktschn würde man heute sagen) schlich er sich vom Schulhof ins Klasszimmer zurück und malte in aller gebotenen Eile einen Spruch auf die Tafel, ein geflügeltes Wort, das alle bei der Rückkehr laut bejubelten:

»Das Wetter ist heiter, der Himmel ist schön, wir bitten Herrn Lehrer, spazieren zu gehn. Aber nicht nur um die Ecke, sondern eine weite Strecke!«

Von Schiller war dieser Spruch zwar nicht, aber Wirkung zeigte er doch. Nicht die befürchtete Zornesröte überzog das Gesicht des Pädagogen, sondern ein leichtes Schmunzeln kräuselte seine Lippen. Er forschte auch nicht lang nach dem »Tafelspitz«, sondern ließ den Spruch vom Specht Erich, der in der ersten Reihe saß, löschen und meinte dann, er werde einmal in dieser Sache mit dem Herrn Rektor sprechen.

So einen Beifall wie da hatte er noch nie bekommen! Dann ging der Unterricht weiter: »Wenn ein Bauer drei Hennen hat und jede legt werktags ein Ei, wieviel Milch gibt dann seine Kuh am Sonntag?«

Bald darauf haben wir dann den Schulausflug gemacht. Er führte an einen Ort, der mindestens 5000

Meter von der Schule entfernt lag, nämlich mitten hinein ins Herz von Laim, wobei eine Bahnlinie unterquert und eine riesige Savanne durchwandert werden musste.

Schafweiden und ein paar Kleingärten, sonst war da nichts. Wo heute der Blick an Hochhäuser stößt, schweifte er damals ungehindert »gen Westen«. Auf einem kleinen Sandstraßerl zogen wir dahin. Der Lechner Rudi, dem vor nichts grauste, hat mit Schafboiderln geschmissen und der Schauer Willi dem Stratz Fredi die blanken Wadeln mit Brennnesseln poliert, dass er furchtbare Jodler ausgestoßen hat.

Angekommen bei der Laimer Schule an der Fürstenrieder Straße, haben wir uns auf das kleine Standl gegenüber, heute sagt man Kiosk, gestürzt und Liebesperlen, Brausepulver und Doppelte gekauft, das waren Bonbons, von denen man um einen Pfennig zwei Stück bekommen hat. Unser Lehrer aber ist in die Schule hineingegangen und mit einem Fräulein, einer Lehrerin, wieder herausgekommen. Er hat ihr seine Lausbuben gezeigt und gesagt, dass er viel Freude, aber auch sehr viel Verdruss mit uns hätte. Und das Fräulein, das sehr jung und fesch war, hat gesagt, ob er glaube, dass die ihren besser seien?

Sie haben noch eine Weile geflüstert und gekudert, wir haben unsere Brotzeit aus unseren Rucksackerln geholt und dann sind wir wieder in die angestammte Schwanthalerhöh zurückgewandert.

Daheim hab ich meiner Mutter gleich erzählen müssen, wie es war. Als ich das mit dem Fräulein gesagt hab, hat sie meinen Vater bedeutungsvoll angeschaut und gemeint: »Der duad si scho arg leicht.«

Damals hab ich das nicht verstanden. Heute, über ein halbes Jahrhundert später, denke ich mir: Recht hat er gehabt, unser Lehrer! Wenn er schon ein so nettes Fräulein in Laim gewusst hat, warum hätte er uns dann nach Starnberg treiben sollen, wo es doch bloß alte Schraubendampfer gab.

Ausgestreckt auf der alten Holzbank

Es ist schön, im Alter immer noch Dinge zu besitzen und zu gebrauchen, die einen an die Jugend, an Eltern und Geschwister oder gar noch an die Großeltern erinnern.

So ein Ding ist die alte, gediegene Holzbank, auf der ich schon als Bub herumgeturnt bin und auf die ich mich nun, nach vielen Jahren Abstinenz, jeden Tag niederlasse, wenn der Ruf »'s Essen is fertig, hast Zeit?« erschallt.

Wenn ich mich recht erinnere, hatte die Bank Ende der zwanziger Jahre ein Schreiner aus Neuhausen gefertigt und mit seinem Gesellen in den dritten Stock jenes Mietshauses im Nachbarviertel geliefert, das meine Bubenheimat war, bis ich es unter Zwang verlassen musste, mich der Krieg in eine Kaserne befahl.

Die Bank war gehobelte Natur, die Sitzfläche breit und bequem, bot Platz für drei, die Rückenlehne war mit Sprossen und Ornamenten versehen.

Normalerweise gebührte der Platz auf der Bank dem Vater. Aber der war untertags in der Arbeit, also war sie bis zum Abendessen unser Tummelplatz.

Wie hilfreich sie uns Kindern war, zeigte sich im Fall von Masern, Keuchhusten, Grippe. Anstatt ins Kammerl abgeschoben zu werden, wo unsere Betten standen, erbettelten wir uns einen Liegeplatz auf der Bank. So blieben wir in der geräumigen Küche im Mittelpunkt des Geschehens. Die Bank verwandelte sich den Tag über mit Decken, Plümo und Kissen zum Krankenlager, und sicher ist, dass wir im Dunst von Wirsing, Rindfleisch und Mutterfürsorge viel schneller gesundeten als in der Kammerl-Quarantäne.

Das alles kümmerte die Alliierten indes nicht, als sie 1944 unsere Bank bombardieren ließen. Speicher und vierter Stock brannten ab, doch das Sitzmöbel blieb unversehrt und wurde mit dem übrigen Mobiliar in eine Notunterkunft nach Oberhaching evakuiert. Auch der Fronturlauber H. Sch. nahm für ein paar geschenkte Tage wieder darauf Platz. Die Bank war inzwischen gelb geworden, aber nicht aus Gram, sondern weil sie der Vater so gestrichen hatte. Vorher hatte sie in Grün geprunkt. Damals nämlich war nicht so wie heute »natur« in, sondern farbig lackiert. Insbesondere das freundliche Gelb unserer Küche gaukelte auch in Notzeiten Sonnenschein und Zuversicht vor.

Nach dem Krieg kehrte die Bank samt allem übrigen in den angestammten dritten Stock im Westend zurück. Wir Kinder wohnten bald woanders, saßen nur noch besuchshalber auf ihr.

Zuerst musste der Vater für immer von der Bank Abschied nehmen, nach weiteren zehn Jahren die Mutter. Wohin damit? Schließlich landete sie bei mir – im Keller. Sie wollte einfach nicht zum übrigen Mobiliar passen.

Aber siehe da: Eines Tages waren zu einer Feier zwei Dutzend Gäste zu bewirten. Das Wohnzimmer verwandelte sich in eine Art Museum für Tische und Stuhlgarnituren. Und da endlich fiel es uns wie Schuppen von den Augen: Die Bank und ein ebenfalls aus dem Keller heraufgewuchteter Bauerntisch sahen viel besser, gemütlicher, stilvoller aus als die gewohnten

Sitzmöbel, die man uns vor zehn Jahren als »neues Wohngefühl« aufgedreht hatte.

Kurz und gut: Das Moderne wurde auf den Speicher verbannt, die alte Bank abgebeizt und wieder in Ehren aufgenommen. Es ist mein liebster Platz geworden, und wenn ich auch nicht mehr die Beine über die Seitenlehne schwinge wie ehedem, so tut's halt inzwischen das Enkelkind. Aber auch ich lass mich manchmal nach dem Essen gern einmal umfallen, Kissen und Polster machen's bequem möglich. Denn man muss ja nicht unbedingt Masern haben, wenn man sich auf der Elternbank ausstrecken will!

Vorstadtstraße Nr. 52

Das Haus stimmt, die Hausnummer, das Gittertor, der Hof, der Baum darin, die Haustür. Das alles ist wie damals. Dann liest der Mann die Namen auf der Klingeltafel aus Messing. Und da ist auf einmal alles anders. Namen aus einer fremden Welt stehen dort. Türkische, italienische, serbische Namen. Dazwischen auch ein paar deutsche, die ihm aber nichts sagen. Endlich taucht doch noch ein vertrauter Name auf: Ziegelmeier, zweiter Stock Mitte – das letzte Aufgebot aus der alten Hausgemeinschaft. Zwei alte Leutchen, die den Absprung in eine bessere Wohngegend nicht geschafft haben, vielleicht auch aus alter Anhänglichkeit ans Viertel geblieben sind. Die Jungen, jetzt auch schon beinah Alte, sind alle fort, verstreut über Stadt und Region.

Der Mann taucht in das Halbdunkel des Hausgangs und steigt langsam die Treppen hinauf. Er könnte die Augen zumachen und wüsste dann immer noch, wann ein Absatz kommt.

Im ersten Stock bleibt er an der dritten Türe stehen. Darauf stand einst der Name Specht. Und der Specht Erich, sein Spezi, der ist gefallen in Russland. So jung war er, dass er noch nicht einmal ein Mädchen gehabt hat. Der Mann fängt zu rechnen an. Der Frieden ist jetzt 48 Jahre alt, und der Erich war achtzehn; also wäre er nun ein guter Sechziger. Ob er ihn wohl erkennen würde, wenn er plötzlich aus der Tür träte?

Der Mann steigt die Treppe höher. Das Geländer fühlt sich gediegen an. Hartholz. Er erinnert sich, wie er sich oft, den Schulranzen am Buckel, drüberschwang und, den Abgrund auf der einen Seite missachtend, hinabsauste.

Jede Türe, an der er vorüberkommt, erzählt ihm eine Geschichte, die Geschichte von braven, kleinen Leuten, ihren Anfechtungen und Schwächen. Aber auch von ihren Stärken. Hinter jenem Fußabstreifer zum Beispiel pflegte ein Ehemann zehn Jahre lang mit tapferer Geduld seine gelähmte Frau.

Endlich steht der Mann vor der Tür im dritten Stock, vor der Wohnung, die ihm im ersten Drittel seines Lebens Wärme und Geborgenheit gab. Ein Jugoslawe, mit einer Münchnerin verheiratet, wohnt darin. Drei Kinder sollen sie haben.

Im Grunde, denkt der Mann, sind diese Gastarbeiter noch ärmer dran als die Großväter, die einst als nachgeborene Bauernsöhne in diese Zinsburgen gezogen sind. Sie fanden wenigstens ein ähnliches Milieu und die gleiche Sprache vor. Jene anderen aber bleiben meist Fremde unter Fremden, ungeliebt, von Brotneid verfolgt.

Der Mann hat schon fast den Finger auf der Klingel, als er innehält. Was solls? Natürlich würde man ihn hereinbitten, ihm »seine« alte Wohnung zeigen. Doch was würde ihm das helfen?

Wo wäre die altvertraute Küchenkredenz mit der Essig- und Ölflasche hinter dem weißen Vorhangerl, wo der alte Regulator, wo seine Spielzeugschublade, wo die kleine Schwester, wo wären Vater und Mutter, und wo wäre schließlich er selber? Würde er nicht bloß mit leerem Gesicht herumstehen und weder sich noch seine Vergangenheit finden können?

Nein, er will alles so in Erinnerung behalten, wie es einmal war.

In den vierten Stock geht er nicht mehr hinauf. Dort wohnte der Schwaiger Franzl, der in den letzten Kriegstagen, noch keine siebzehn Jahre alt, in Bosnien umgekommen ist. Und eine gewisse Traudl mit zwei langen blonden Zöpfen und großen Glasschusseraugen, die sein Bubenherz mit krauser Zuneigung erfüllt hatte. Tempi passati ...

Als der Mann die Treppe hinuntergeht, öffnet sich »seine« Tür, ein Bub mit einem schwarzen Wuschelkopf stürzt heraus, schwingt sich auf das Geländer und saust hinab.

Das Bürscherl hat Schneid! Ob das vielleicht einmal ein echter Münchner wird?

Eine entgeisterte Welt

Wie unterhaltsam war es doch im alten Bayern, als es überall noch spukte und geisterte! Hier seufzte ein altjüngferliches Freifräulein mit wehendem Schleier durch eine Burgruine, dort sprang ein buckliges kleines Männlein den vom Wirtshaus heimkehrenden Zechern auf den Rücken und ließ sich ein Viertelstündchen durch die Nebelnacht tragen. Überall geisterten geheimnisvolle Lichter, offensichtlich die armen Seelen von schuldbeladenen Verblichenen, Hexen kicherten hinter hohlen Baumstämmen, der Teufel fuhr im Schein des fahlen Mondes Schlittschuh auf einem zugefrorenen Weiher. Hunde mit feurigen Augen lauerten an einsamen Heustadeln, Nixen tanzten Ringelreihen auf einem abgeernteten Haberfeld, Wichtel und Kobolde neckten den einsamen Wanderer, aus dem Moor kamen geheimnisvolle Stimmen.

Aber auch in den eigenen vier Wänden hörte man dumpfe Tritte auf dem Dachboden, fremde Gesichter schauten in der Dämmerung durch die Fenster, und Druden setzten sich nachts den Schlafenden auf die Brust und ließen sie röchelnd aufregende Albträume erleben.

Mit Vorliebe im November und Dezember, wenn die Bratäpfel auf der Herdplatte brutzelten und die Wilde Jagd an den Fensterläden rüttelte, saß man unter der Lampe zusammen, und die Großmütter erzählten den erschauernden Enkeln, was wiederum ihre Großmütter, aber auch sie selber an grauenhaft schönen Spüken erlebt hatten.

Vergangene Zeiten! Schon längst haben sich die Spukgestalten aus unserem Leben verabschiedet. Die Großmütter haben nichts mehr zu berichten und verweisen, wenn sie einschlägig befragt werden, verlegen auf den Pumuckl. Wenn es wirklich noch einmal wo spukt, wie vor einigen Jahren in Neutraubling, dann wird die Sache schnell als plumper Schwindel entlarvt. Die Welt ist entgeistert, warum bloß?

Wenn man's recht bedenkt, sind wir selber dran schuld, wir und die moderne Zeit! Nehmen wir einmal das alte Schloss Runklrübenstein, in dem jahrhundertelang Ritter Kunibert um Mitternacht in seiner Rüstung durch den Ahnensaal schepperte und dabei dreimal »wehe« rief (weil er ausgerechnet bei einem Kreuzzug drei junge Türkinnen gefangengenommen und zum Gram seiner Gemahlin als Beute heimgeführt hatte).

Heute beherbergt das Schloss eine Diskothek, in der es gerade um Mitternacht so laut, lichterflimmernd und hysterisch zugeht, dass Ritter Kunibert nach einigen unbeachteten Auftritten auf sein nächtliches Kurzgastspiel verzichtete und sich entnervt in sein Grab zurückzog.

Das Moor, das sich östlich vom Schloss ausbreitet, und in dem es früher von Kobolden, buckligen Männlein und kichernden Hexen nur so wimmelte, ist durch Schnellstraßen erschlossen worden, auf denen die Discobesucher mit vollem Rohr und aufgeblendeten Scheinwerfern heimwärtsrasen. Die Folge: Die kleinen Fabelwesen fühlten sich bedroht und stellten ihre Tätigkeit ein.

Und die Druden? Meistens fanden sie die Personen, denen sie asthmatische Beschwerden verursachen wollten, noch vor dem Fernseher sitzend vor. Sie knabberten gesalzene Nüsse und Kartoffelchips und waren im übrigen von Serien oder Krimis so beansprucht, dass eine Behandlung ihrer Atemwege keinen Zweck gehabt hätte. Kinder, die sie besuchen wollten, hatten einen Walkman im Ohr und beachteten die drollige Tante überhaupt nicht, wenn sie sich ans Bett setzte. Da dachten sich die Druden: Wer sind wir eigentlich, dass wir uns das gefallen lassen? – und stellten ihre Hausbesuche ein.

Ähnlich erging es den Kobolden, die früher in den Häusern allerhand Unfug getrieben hatten. Sie konnten mit dem technischen Fortschritt nicht Schritt halten, versagten und verzagten vor Mikrowellenherden, Dampfabzugshauben und Spülmaschinen. Manche gerieten in Trockenschleudern und wurden dabei erbarmungslos durch die Mangel gedreht, andere in den Sog von Staubsaugern und entrannen nur mühsam seinem dröhnenden Rüssel. Schließlich gaben sie auf und zogen sich weiß der Teufel wohin zurück.

Wem nach Gruseln zumute ist, holt sich nunmehr seine Schocker aus der Videothek. Die vergleichsweise harmlose Wilde Jagd ist abgeblasen, Rambo killt jetzt dafür im Wohnzimmer, und die allerletzte Drud, die sich hinter der Zentralheizung gewärmt hatte, flüchtete dieser Tage in Todesangst in den offenen Kamin und rettete sich aufs Dach, wo sie die Spatzen am Morgen entseelt auffanden.

Oids Haus

Des oide Haus,
wo i mei Kindazeit
valorn hab,
steht grau
im Vormittag
und winkt ma zua
mit weiße Bettn
in de Fensta.

De Fensta ham
zwanzg Jahr lang
unsre Vorhäng tragn
und hint im Hof,
im Kella drunt,
hats d Muatta
in da Waschküch
gwaschn.

Im oidn Kammerl
nomoi schlaffe derfa,
eigsaamt von Muattaliab ...
Oids Haus,
i geh und draah mi
nimma um!

Jennerwein und sein Annamirl

Auf den Bergen wohnt die Freiheit, aber nicht mehr der Wildschütz Jennerwein; denn das Kügerl eines Jägers hat ihn von dieser Erd weggeputzt, wie ein tragisches Lied vermeldet. Wenn der Jennerwein Girgl heut leben tät, wär er wohl kein Holzknecht und verwegener Wildschütz mehr, sondern vielleicht eher ein Skilehrer. Und am Leib trüg er nicht mehr eine Lederhose und einen von der Sennerin Annamirl gestrickten Schafwolljanker, sondern moderne Skiklamotten und schwere Abfahrtskähne. »Ein süßer Kerl«, würden die Skidamen aus dem Ruhrgebiet und anderen Fremd-Gegenden von ihm sagen und ihm ihre jäh entflammten Herzen zu Füßen legen.

Wenn aber heut der Jennerwein Girgl Skilehrer wär, dann bekäm er todsicher Schwierigkeiten mit dem Annamirl. Weil das wohl ahnen würde, dass die dahergeschneiten Winterfrischlerinnen vielleicht beim Aprè-Ski in der »Alpenrose« ihrem Allerliebsten unauffällig den Zimmerschlüssel in den Pullover stecken könnten. Und der Girgl sagte dann je nachdem thank-you, merci oder passt scho. Und das Annamirl? Säße verhärmt in ihrem Kammerl.

Natürlich wär auch sie schon längst keine Sennerin mehr, sondern verkaufte Wadlstrümpfe und Faltenröcke, Dirndl und Trachtenanzüge in einer Mode-Boutique. Statt milchvolle Euter in die Hand zu nehmen, verpasste sie den Kurgästen almerisches Outfit.

Am Idiotenhang lehrt der Girgl von zehn bis zwölf und von zwei bis vier Uhr den neuen Stil: Er hat eine Engelsgeduld in zwei Sprachen. Zehn mühsam erlernte englische Sätze kann er, doch manchmal murmelt er etwas zwischen den Zähnen, das sich anhört wie »Bluatsauerei bluatige, geh hoam, du Schneebesn, des derlernst du nia!« Doch munter montieren seine Schützlinge weiterhin Badwanndln in die unschuldigen Hänge.

Eines Tages jedoch muss der Girgl am Babylift die frische Gebirgsluft anhalten. Ein Fräulein mit piccobello Figur und violettem Ski-Dress meldet sich bei ihm zum Kurs an: das Annamirl, »Ja, was wuist denn du da«, stottert der Girgl, »du konnst doch's Skifahrn schon!« – »Aber net den neia Stil«, sagt das Annamirl.

Jetzt endlich geht dem Girgl ein Licht auf. Bereits am zweiten Tag sagt er zu seinen erstaunten Skisäuglingen: »So müassts es macha wia's Fräulein Annamirl, na haut de Gschicht hi!«

Und zwischen dem Girgl und dem Annamirl haut die Gschicht auch wieder hin. Deshalb stecken die verwegenen Sportladies dem Girgl jetzt auch keine Schlüssel mehr in den Pullover; denn das kennt ja jedes Schneehuhn, dass der Herr Skilehrer ganz plötzlich nur noch von den Schlüsselbeinen vom Annamirl schwärmt.

Wenn der Jennerwein Girgl tatsächlich Wedel-Maestro geworden wäre statt hinweggeputzter aber stolzer Schütz in seinen besten Jahren, dann hätte auch sein Annamierl einst nicht so bitter um ihn weinen müssen!

D'Liab

Hinterm Zaun

Braune Äugerl, blaue Veigerl
spitzn durchn Zaun.
Auf da Leitn siehgst vo weitn,
wia s' an Habern baun.

D' Vögerl singa, d' Knospn springa
scho am Kerschnbaam.
Bal da Hartl jetz ins Gartl
zum Grüaßgodsagn kaam!

Bal er fragat, bal er sagat:
»Du, i hab di gern!
Wann i kaam und Stoandl naahm:
Moanst, du daatst as hörn?«

Was i machat? Mei, i lachat
und daat gschaami doa.
»Muasst halt wartn drunt im Gartn,
leicht bleibst net alloa!«

Blaue Veigerl, braune Äugerl
spitzn durchn Zaun.
Auf da Leitn siehgst vo weitn
wia s' an Habern baun.

's Briaferl

Und wann du mir
a Briaferl schreibst,
dann malst a Herzerl drauf.
Und was du ohne mi
ois treibst,
kimmt durch des Herzerl auf.

Und wannsd a andre
hast danebn,
dann kriagt des Herz an Riss
und tuat ma hoit
de Botschaft gebn,
dass' nix mehr mit uns is.

Doch wannsd as net
mit andre hast,
dann bleibt des Herz instand.
Drum wannsd den nächstn
Briaf ablasst,
dann malst a Herz an Rand!

Almliadl

Und so hoamli und staadaus,
wia 's Nachtwinderl waaht,
sitzt mei Dirndl in da Kammer
und hat Pfoaderlen gnaaht.

Und so liabli und freindli,
wia da Mond awilacht,
hat mei Dirndl, mei Dirndl
de Knopflöcherl gmacht.

Und so gschaami und zaartli
und so fei und vertraamt,
wia sie oft mit mir gwen is,
hat s' de Pfoaderl eigsaamt.

Werds a Büabei, a Dirnei,
und des is mir hoit oans.
Aber di muass ma gern ham,
du Liaberl, du kloans!

Hint am Bichl-Anga

Hint am Bichl-Anga
bei de Haslstaudn
is ma 's Herzerl ganga
mit an Schlag, an lautn.
Is mei Dirndl kemma
übern greana Roa:
Büabei, Liabei,
bist du woi alloa?

Rote Strumpfei, kloane
Schuachei an de Füaßn,
is weitumma koane
so voi haarber Süaßn.
Und im Miader drinna
stecka Röserl zwoa:
Büabei, Liabei,
i bin ganz alloa!

Hint am Bichl-Anga
bei de Halslstaudn
is ma 's Herzerl ganga
mit an Schlag, an lautn.
An dem Fleckei, ja, da
taats mia woi guat gfoin,
Miadei, Liabei,
bis de Nussn foin.

I woaß a Loch im Zaun

Birnbaam und Hollerstau'n,
i woaß a Loch im Zaun,
und des woaß neamd wiari,
kreizsaakradi!

Bal in da spaatn Nacht
pfiffi da Mondschei lacht,
schleich i beim Zaun hiebei
staad zu da mei!

Wirf a kloans Stoandl nauf,
na macht s' ihr Fensterl auf;
d' Loata, de ziag i für
und steig zu ihr.

Bua, sei net gar so wuid,
hörst net, a Kuah hat bruit,
wann di da Vadda spannt,
des waar a Schand!

In ihre blaua Augn
is so guat einischaugn,
dass d' ganz auf d' Zeit vergisst,
wannsd bei ihr bist!

Oa Bussl gibst ma no,
sag i, dann schiab i o
und morgn zur selbn Stund,
konst di valassn und …

Birnbaam und Hollerstau'n,
i woaß a Loch im Zaun,
und des woaß neamd wiari,
kreizsaakradi!

»An ihrem Fenster hibei stehnga zwoa Nageistöckei, de zoagn mas allemoi o, wiari okemma ko ...«

Ganz schön poetisch – und ganz schön raffiniert! Denn hier gehts nicht um den Blumenschmuckwettbewerb »Unser Dorf wird schöner«, wie ein Laie vermuten möchte, sondern um den uralten bayerischen Brauch des Kammerfensterlns, der freilich inzwischen gänzlich ausgestorben scheint. Allerdings nicht deshalb, weil die Moral gewisser Jahrgänge gewaltig gestiegen wäre, sondern eher wegen der dramatischen Zunahme von anderen Gelegenheiten, zu seinem Sach zu kommen. Nächtliches Gemauschel auf schwankender Leiter hat sich längst überlebt.

Die oben zitierte Strophe aus einem gern gesungenen Volkslied deutet an, dass ehedem nicht bloß der Bursch wild aufs Fensterln war, sondern auch das Dirndl geschickte Signale auszusenden wusste. Indem es die Nagerlstöcke am Fenster in vorher vereinbarte Positionen brachte, gab es dem Liebsten zu verstehen, ob er willkommen oder ob Gefahr im Verzug war.

Nicht so schlau stellte sich dagegen ein gewisses Annamirl an, das solche Vorsichtsmaßnahmen außer acht ließ. Als der Bursch (im Lied) ans Fenster klopft, flüstert es zurück: »Heft, heit, heit kons net sei! Liegt da groß Hund vor da Tür, d' Muatta schlaft aa bei mir, still, still, red net so viel!« Zum Glück zeigt sich hier der Bursch als der Schlauere: »... an Hund hab i an Krapfn gebn, d' Muatta schlaft aa danebn, schau, schau, d' Glegnheit waar da!«

Welcher Hochbetrieb einst vor Kammerfenstern geherrscht haben muss, belegt eine Strophe aus einem anderen Volkslied: »Da erste steht drom auf da Loata, da zwoate steht hinta da Tür, da dritte liegt drin ois a Broata und plauscht ihr vom Heiratn vür ...«

Manche Mädchen scheinen gar das ganze Jahr über ihr Fensterl offen gehalten zu haben, wie uns ein altes Scherzlied erzählt. Für die kalte Jahreszeit heißt es da: »'s Dirndl hat gsagt ... iatz kimmt da Winta, Winta, Winta, kimmst auf d' Nacht ... 's is nix dahinter, hinta, hinta, aba dass d' fei kemma duast, i wills scho hoffa, i lass de ganze Nacht 's Fensterl offa!«

Gefahren für den Anfänger zogen herauf, wenn die Leiter ans falsche Fenster gelehnt wurde und dahinter etwa die alte Kath den Besucher mit Kropf, Zahnlucken und Nachthaube schreckte und schließlich noch mit einem Guss aus dem Nachthaferl davonscheuchte.

Sein bitteres Leid klagt uns in einem Lied ein immer wieder abgeblitzter Bursch: »A größers Kreiz dua i net kenna, seit i higeh zu da Lena, seit ma's Dirndl is bekannt, jagt mi da Hund, es is a Schand!«

Noch schlechter erging es dem Fensterstock-Hias, dessen tragikomisches Schicksal einst in vieler Sänger Munde war. Endlich drin im Kammerl, kreuzt der Bauer mit dem Ochsenfiesl auf und haut ihm den Hintern voll, worauf der Hiasl samt herausbrechendem Fensterstock flüchtet. Jetzt fängt der Bauer zu jammern an: »... geh Hiasl oho, geh lass ma do dengerscht mein Fensterstock da, du konstn net braucha und mia geht er o ...« Wie gerne würde der Hias der Bitte entsprechen, aber er kommt erst daheim nach einer Stunde harter Arbeit wieder aus dem »oachan Hund« heraus!

Wirklich tragisch wird's in dem Couplet vom Hintertupfer Bene, der beim kaasigen Licht des Mondes zum Fenster seiner Stasi schleicht, die lange Leiter »wiara Makkaroni« an die Hauswand lehnt, aber dann beim Hinaufkraxeln von einem hinterrücks heranschleichenden Rivalen von selbiger gestoßen in die Odelgrube stürzt. Das traurige Ende vom Lied wäre noch heute für jede Boulevard-Zeitung ein gefundenes Fressen: »Bene gibt sich große Mühe, rauszuschwimmen aus der Brühe, doch es ist ihm nicht geglückt; an einem Kuhfladen ist er erstickt!«

In modernem Zeitungsdeutsch könnte der Text vielleicht so lauten: »Dörflicher Casanova nach Racheakt eines Nebenbuhlers in Güllegrube gestürzt und an Rinder-Exkrementen elend zugrunde gegangen.«

Alte Liebe

Und de oa,
de i moa,
de werds nia net dafragn,
dass dem oan, den i moan,
allwei 's Buamaherz gschlagn!

Weil der oa, den i moa,
hat koa Wörterl net gsagt,
und de oa, de i moa,
hat 'n weiters net gfragt.

Doch de oa, de i moa,
lasst 'n heit no net kalt,
san de zwoa, de i moa,
aa scho siebazg fast alt.

Und de oa, de i moa,
bal er trifft irgendwo,
werd dem oan, den i moan,
's alte Herz wieder froh!

Doch de oa, de i moa,
de werds nia net dafragn,
dass dem oan, den i moan,
allwei 's Buamaherz gschlagn!

Mutmaßungen über den Nanni-Landler

Nanni-Landler heißt das Stückl, eine feine, zarte, ja zärtliche Weise, die durch die Stube perlt, gespielt von einer Zither, einer Harfe, einem Hackbrett, einer Gitarre. Wir sitzen an einem Bauerntisch zu Irschenberg, die Lampe brennt, und draußen versinkt das Land im Schnee.

Die Melodie steht in einem Notenbüchel des Reiser Tobi aus Salzburg. Ob er sie selber geschrieben oder bloß aufgezeichnet hat, weiß ich nicht, aber dass es um diese Nanni etwas Besonderes gewesen sein muss, das spürt man gleich heraus. Und natürlich auch, dass ihr der Komponist über die Maßen zugetan war.

Nandl, Nanni, Nannä, so wird die Anna in Altbayern und Österreich gern gerufen: ein Kosename. Dass Sennerinnen so heißen, kann man sich gut vorstellen. Aber auch in der Holledau gibt es Nandln und sogar einen sauberen Marktflecken, der Nandlstadt heißt.

Als Bayer kommt man nicht drum herum, ein paar Nandln persönlich zu kennen. Indes – so fein und verträumt wie im Nanni-Landler sind sie nicht, nicht ganz.

Zum Beispiel die Nandl, die in der Alten Post bedient. Die hat einen Anflug von Schnurrbart auf der Oberlippe, eine gschnappige Goschn und einen Unterrock, der verwegen aus dem Kleid herauszipfelt.

Während die Musikanten die schönsten Takte wiederholen, überlege ich, in welchem Alter diese Nanni wohl gewesen sein mag, als sie ihren Landler bekam. In ganz anderem Sinn natürlich, als diese Redensart sonst meint. Denn einen Landler kriegen, das bedeutet ja soviel, wie geschimpft werden, eins aufs Dach bekommen. Der Nanni aber wurde direkt ins Herz gezielt, und aufs Herz natürlich auch, denn im sinnenfrohen Bayern kann man sich ein weibliches Herz ohne sein Drumherum nur schwer vorstellen.

Also dürfen wir mit ziemlicher Sicherheit ausschließen, dass die Nanni ein Schuldirndl gewesen ist. Wenigstens zu jenem Zeitpunkt. Früher natürlich schon. Ich stell sie mir da mit zwei blonden, widerspenstigen Zöpfen vor, mit Sommersprossen im Gesicht und mit halb heruntergerutschten Strümpfen, häuselhupfend oder eine volle Milchkanne im Kreis schwingend.

Mit den Jahren verwandelte sich dann diese bayerische Pippi Langstrumpf in eine herb erblühte Schönheit: Milch und Blut das Gesicht, die Haare aufgesteckte Weizenähren, die Gliedmaßen kunstvoll gedrechselt, Hügel und Täler aufs Angenehmste verteilt, der Gang zierlich und stolz zugleich. Respekt und abermals Respekt!

Was läge eigentlich näher, als dass sich ihrem Liebsten, einem leidlichen Zitherspieler, der Nanni-Landler wie von selber auf die Saiten gedrängt hätte? Freilich, wie wir den bayerischen Adam kennen, wäre da etwas ganz anderes herausgekommen, etwas Wildes, Leidenschaftliches, Überschäumendes, das man auf der Zither gar nicht hätte spielen können, für das man Klarinetten, Trompeten und ein Bombardon gebraucht hätte.

Aber wer war's dann? Eher schon ein pensionierter Schullehrer, der aus der Seelenlage des Verzichts heraus dieses für ihn unerreichbare Wesen überhöht, ihre

Mängel und Fehler, die es wohl auch gehabt haben mag, verdrängt hat. Oder klang seine Leier deshalb so zärtlich, so voll leiser Melancholie, weil er im Grunde gar nicht die Nanni meinte, sondern die eigene verlorene Jugend, die erste Liebe, die Erinnerungen an die Maienzeit seines Lebens?

Wie ich die Harfenspielerin anschau, das Gesicht von weißem Haar gerahmt, in dem silberne Kugeln stecken, die Augen nach innen gerichtet, ganz der Melodie hingegeben, die ihre Finger aus den Saiten zaubern, fällt mir noch eine dritte Möglichkeit ein: dass es eine ältere Nandl war, der dieser Landler gewidmet worden ist, eine Nanni, die des Lebens Mitte schon durchschritten, eine mütterliche Frau, die verstehen und verzeihen gelernt und doch um die Augen noch den Schalk des Lausdirndls blitzen hatte, in der das Resche des Mädchens zu stillem Humor, die Schönheit der jungen Frau zur Güte gereift war.

Je länger ich der stillen Weise lauschte, je länger ich die Harfenspielerin ansah, um so gewisser wurde ich, dass der Nanni-Landler einer solchen Nandl zugedacht worden war.

’s Bacherl

Durch de Wiesn
laaft a Bacherl
und dem Bacherl geh i nach.
Und dass du a saubre Dirn bist
halt mi in da
Nacht oft wach!

Hupft des Bacherl
zu da Straßn
und schlupft unters Bruckerl nei.
Und dass du glei zwoa drei Buam hast
werd wohl net
des Schöna sei!

Spring des Bacherl
gschwind ins Holz nei
und vaschwindt als wiara Diab.
Und i reiß di aus mein Herzn
eh bevor i
di no liab!

Auf da Hüttn

d Hüttn hat
d Rosa pacht,
de, wo de guatn
Rohrnudl macht
und Ziachmusi
spuit auf d Nacht.

I schlaf fei
oft bei ihr.
Zwischn uns is
d Kammatür
und da is
da Riegl für.

Hätt ja aa
sunst 'koa Gfahr:
sie hat
kitzgraawe Haar
und d Zähn
inra Tass fürwahr.

Rosa, was
sperrst denn zua?
Hab gmacht
a schwaare Tour,
lassat di
gwieß in Ruah!

Da hats mi
staad oglacht:
hät i net
fescht zuagmacht

und koina
käm auf d Nacht

der mir mei
Bett verreischt
(sie isch a Schwäble,
weischt)
wär i halt
arg entteischt!

Speis und Trank

Wenn der Radi weint

Bayern ist nicht nur das Land der Bier-Spezialisten, der Leberkäs-Liebhaber und der Knödl-Fans, sondern auch die Heimat der weltbesten Radiologen, also der Fachleute auf dem Gebiet des Rettichanbaus und Rettichverzehrs. Der belebende Einfluss des Radi auf das bayerische Gemüt kann nicht hoch genug eingeschätzt werden. Er ist etwa dem des Schnupftabaks (Schmai) vergleichbar.

Die schönste Radizeit ist das Frühjahr! Wenn die appetitlichen Genusswurzeln, diese Maiglöckerl des Münchners, nach langen Monaten wieder auf den Karren der Obsthausierer aufgeschlichtet sind, bröckelt die Winterstarre von der Seele und kastaniengrüne Biergarten-Hoffnung zieht in die Herzen.

Freilich, billig sind sie gerade nicht, die Vorreiter der Freilicht-Brotzeit-Saison, die sich bis nach dem Oktoberfest hinziehen mag. Aber – wer kann ihnen schon widerstehen? Sehen sie nicht aus wie aus Elfenbein gedrechselt, wie aus Elfenbein, aus dem, wenn es zu Klaviertasten geworden ist, Musik wird?

Auch aus Rettichen kommt Musik. Zwar nicht so, wie jener Amerikaner im Hofbräuhaus glaubte, der einen Radi gekauft hatte, ihn ans Ohr hielt und bei der Kellnerin reklamierte: »Ich nix hören Musik, das nix gut Radio!« Worauf die Hebe meinte: »Den muasst ja zerst essen, Freinderl, dann hörst scho was!«

Empfindsame Naturen mögen den Nachfolgelasten des Rettichs, dem Radi-Kopperer, gram sein, aber was mehr als er bewiese die Kraft und Herrlichkeit der weißen Wurzel, ihren revolutionären Geist?

Unerwartet, oft im ungünstigsten Augenblick, bricht er mit Urgewalt hervor, das Zapferl und auch sonst nichts vermag ihn zu stoppen. Der Delinquent mag sich, wenn er keine Verzeihung findet, mit dem Spruch »Was du an Ansehen verlierst, das gewinnst du an Gesundheit« trösten.

Drum verzehrt man am besten den Radi im Kreise Gleichgesinnter, die im Wissen um ihre eigene Gefährdung seine letzte Rapportmeldung mit wohlwollendem Schmunzeln zur Kenntnis nehmen.

Radischneiden ist eine Kunst. Wer gut Radischneiden kann, der kann auch gut tanzen, sagt der Volksmund. Im Tegernseer Bräustüberl hat einmal eine resche Kellnerin in unglaublicher Schnelligkeit einen Radi so fein und gleichmäßig geschnitten, dass es an ein Wunder grenzte.

Herrschaftseiten, wie muss dieses Weib tanzen können! Frauen mit solchen Talenten sollten auf der Stelle weggeheiratet werden.

In vielen Familien ist das Radischneiden allerdings Männersache. Denn es ist keine Arbeit, sondern eine Zeremonie. Wer bloß Blattl so dick wie Abortdeckel zustande bringt, sollte jedoch dem Kult entsagen und ihn trotz aller Vorbehalte der Ehefrau überlassen.

Dünn also muss der Radi geschnitten werden, aber in welcher Richtung? Da gibt's ganz konträre Lehrmeinungen. Der eine Radiologe schwört, dass es nur der Länge nach geschehen dürfe, er zweite empfiehlt es »nach der Quer«, der dritte schließlich schneidet ihn von beiden Seiten her ein und erzielt damit einen wunderbaren Ziehharmonika-Effekt.

Hauptsache, die Auffächerung gibt eine gute Möglichkeit, mit spitzen Fingern das Salz gleichmäßig zwischen die weißen Rippen zu böseln. Der Radi muss weinen, und je stärker er das tut, um so mehr lacht das Bayernherz!

Leider ist der Radi keine bayerische Erfindung. Schon die alten ägyptischen Maurer, die die Pyramiden bauten, haben ihn zur Brotzeit gegessen. Bei uns aber hat der Rettich gar die Architektur selber beeinflusst. Denn es stimmt ja gar nicht, dass die Kirchtürme Zwiebelhauben hätten. Schaut nur genauer hin: es sind in Wahrheit Radihauben, einmal dick und gedrungen, dann wieder schlank und langgezogen.

Rettiche mit Kupfer gedeckt! Wo sonst noch gibt es das auf der Welt?

Weißwurst-Hymne

Du Königin im Wurstrevier,
du schön gekurvte Tellerzier,
lass dir den weißen Hermelin
von deinen zarten Schultern ziehn!

So zeigt sich erst dein ganzer Charme.
Dein sanfter Atem fächelt warm.
Grün schimmerts durch (als wie am Nil),
dies Grüne, das ist Petersil.

Matt glänzt der makellose Leib,
oh süßer Augenblick, verbleib!
Und heller jedes Auge blinkt,
sofern man jetzt vom Weißbier trinkt.

Mit Senf sei nun dein Haupt geziert,
ein Riemisch' Weckerl salutiert.
Zwei Grafen aus der Brezn Stamm,
die stehn als Adjutanten stramm!

Wer diese Krönung richtig schätzt,
wird selber gleich zum König jetzt.
Mit dem Bestecke der Natur
beginnt er schnellstens die Verzuhr!

Vier Bissen, drauf ein kleiner Schluck,
ein Loawi, das der Bäcker buk,
dann folgt die zweite Königin,
die dritte dampft im Haferl drin.

Ihr habt schon Könige geatzt,
das Königreich ist längst geplatzt.

Bei euch platzt höchstens mal die Haut.
Ihr habt der Zeiten Lauf verdaut

so wie auch euch der Schmatzer Schar
vom Urahn bis zum jungen Paar.
Drum, Weißwurst, lass aufs Neu dir schwörn:
Wir haben dich zum Fressen gern!

Warmer Leberkaas

Dampfa wiara oider Dampfa,
Krustn wiara Kraterschlund.
So a Scherzl awimampfa
macht as Herzerl wieder gsund!

Auf an Brettl muasst 'n lagern
und in Würfe schneid da 'n her.
Besser is', du nimmst an magern,
na kriagst gwieß hernach koa Gscherr.

Mitn Messer fahr in d' Brocka,
ja net aufn Senft vergiss.
Und bis awi in de Socka
gspürst 'n na, den erstn Biss.

Raucha tuat er wiara Meiler,
löschn kon ma mit a Mass.
Liaber wiara Zahn, a steiler,
is uns no da Leberkaas!

Dampfnudl

Da Pompadour
ihre Knia
ham nia
a Sonna dawischt.
Drum warn s' so weiß,
wia wann d' Muadda
Dampfnudl auftischt.

De Knia warn amoi
an Ludwig XV.
sei ganze Freid.
Aber awimampfa
hat er s' hoit
doch net kinna,
wia mir
d' Dampfnudl heit.

Da König Ludwig XV.
war gar mächtig
und erlaucht.
Mir aber essn
jedn Freitag
Pompadour-Knia,
in Vanillsoß eitaucht.

Oar

De kloan Zwackerl
sagn zum Ei Gackerl.
De Franzosn sprecha
in dem Betreff
von œuf.
Uovo hoaßn d' Italiena
's Abfoiprodukt
von de Henna.
D' Engländer nenna
d' Eier eggs,
und de Chinesn?
Schmecks!
Den scheenstn Nam dafür
hat da Boar:
Oar.

Maibockzeit

Kastanien im Wirtshausgarten,
seid mir gegrüßt im grünen Mai!
Den Bock, gebändigt an dem zarten
Busento Resis, bringt herbei!

Dass mir auch nicht der Presssack fehle,
der Radi, der sich weinen fühlt,
ein Dackel, dessen ganze Seele
aus samtnen Bettleraugen schielt.

Das freche Spatzenvolk zu Füßen,
der Kaas, der in die Runde stinkt,
zwei Blicke, die sich heimlich grüßen,
indes der Mund ein Hendl schlingt.

Am Feierabend hier zu sitzen
macht den Astralleib leicht und froh.
Der Spross, von Mutterhand geschnitzen,
denkt unbewusst schon ebenso.

Barock zum Essen

Man nennt uns Knödel-Bayern. Und warum auch nicht? Wir sind's ja von Gaumen gern!

Ein Wissenschaftler würde sagen, der Knödel sei den Bayern adäquat. Wir sagen, ohne ihn wär das Leben bloß halb so rund. Ein schöner handgedrehter Knödel, das ist Barock zum Essen, das ist nachempfundenes Bayern: stramme Wadl und ein handliches Sennerinnen-Kröpferl stecken ebenso drinnen wie die Einlage in einem sehenswerten Dirndlausschnitt.

Und doch – ein Manko haftet dem Knödel an, besser gesagt seinen zwei Hauptarten, dem Semmelknödel und dem Kartoffelknödel: Man weiß nie, ob am End' der andere nicht doch der bessere wär.

Da sitzt du vor einem Braten oder einem »Bifflamott«, wie das Bœuf … la mode hierzulande heißt, und zerteilst ein wahres Prachtexemplar von Semmelknödel, als dich auch schon der bange Zweifel befällt: Herrschaftseiten, ein Kartoffelknödel wär jetzt auch nicht schlecht! Hat man dir aber einen makellosen Kartoffelknödel gebracht, dann geht's genau umgekehrt, und du sinnst ein wenig traurig dem Geschmack eines Semmelknödels nach.

Wie schon Kurt Tucholsky in einem Gedicht gesagt hat: »... so süß ist keine kleine Brust wie die, die man nicht hat«.

Die Lösung des Problems ist so einfach, dass man sich bis in die Knödelteigschüssel hinein schämen muss, weil man nicht schon längst darauf gekommen ist. Es war in einem Landgasthof, wo dieses simple Wunder geschah und uns die Augen auf- und übergingen. Ein

Tag, würdig, dem Zerschlagen des Gordischen Knotens durch Alexander den Großen oder dem Eier-Trick des Kolumbus an die Seite gestellt zu werden!

Knödelfreunde, hört und staunt: man servierte uns dort den Schweinsbraten mit einem Semmelknödel und einem Kartoffelknödel! Nicht oder und wahlweise, sondern und, und, und noch einmal und! Ja, das war freilich ein königliches Speisen! Da mischte sich kein störendes Gelüst, kein sündiges Begehren nach seines Nächsten Knödel ein, nein, da war nichts als eitel Wonne und Zufriedenheit am Tisch. Einmal einen Brocken Semmelknödel in die Soße getaucht und zum Mund geführt, und dann gleich darauf einen Brocken Kartoffelknödel! Herrlich, wunderbar, einmalig!

Und es stimmt auch gar nicht, was in einem Gstanzl behauptet wird: »Da Semmelknödel und da Kartoffelknödel/de ham si net vertragn/da hat da Semmelknödel an Kartoffelknödl/vom Tisch owigschlagn!« Weder auf dem Teller noch hernach im Magen ist es zu Tätlichkeiten gekommen!

Natürlich bin ich mir der Tragweite meiner Enthüllung voll bewusst. Nicht wenige Hausfrauen werden jetzt voll zorniger Erbitterung ausrufen: Ja spinnt denn der? Meint der vielleicht, dass wir noch nicht genug Arbeit haben und künftig gleich zwei Knödelsorten machen? Und vielleicht vorher auch noch Leberknödelsuppe, ha?

Trotzdem: Endlich des vollendeten Knödel-Glücks teilhaftig geworden, musste ich die neue Erkenntnis im Interesse der bayerischen Volkswohlfahrt aus vollem Hals hinausposaunen. Ihr zornigen Weiber in

Bayern, bombardiert mich meinetwegen mit Knödel-Kanonen – hier stehe ich, ich kann nicht anders!

Schnuppern an der Quelle

Freilich gibt es Großmärkte, Einkaufs-Zentren, Kaufhäuser und da und dort sogar noch Kramerladln, wo man alles, was man so zum täglichen Leben braucht, bekommt: von Bandnudeln bis Schuhbandln, von Salatöl bis Würfelzucker, vom Alleskleber bis zur Ölsardine, von Rasierklingen über Billigsocken bis zum Parmaschinken. An der Herkunftsquelle ist man dort allerdings nicht, sondern an der Endstation mit Registrierkasse.

Wenn mich der Rappel packt, dann nehm ich mir die Zeit und stoße an die Quelle vor. Vorher suche ich noch leere Eierschachteln zusammen und hole zwei Dutzend schön gefaltete Plastiktüten (aus den oben genannten Einkaufs-Centern) aus dem Regal. Dazu eine Zwei-Liter-Milchkanne, wie ich sie schon als Bub stehend einarmig im Kreis zu schwingen verstand, ohne dass ein Tropfen verschüttet worden wäre. Dann setze ich mich ins Auto und fahre etliche Kilometer übers Land. Und wenn grad das Enkerl auf Besuch da ist, dann darf es sich gleichfalls anschnallen. Denn was gäbe es für ein fünfjähriges Stadtkind Schöneres, als durch einen Kuhstall zu strawanzen und sich vor dem gelegentlichen Platschen mächtiger Fladen wohlig zu gruseln?

Mein Ziel ist eines jener Bauernanwesen, die »ab Hof« verkaufen. Zunächst muss ich der schwarzen Pudel-Schnauzer-Sondermischung gut zureden, dass sie mich aussteigen lässt. »Kennst mi denn nimma?«, beruhige ich den wütenden Beller. Aber erst nachdem ich ihm meinen Fuß mit den wahrscheinlich charakteristisch riechenden Socken hinausgehalten hab, fällt bei dem das Zehnerl, und ich darf zur Haustür schreiten.

Diese Bauernhof-Haustüren, das ist gleich etwas, was es sonst nirgends mehr in unserer misstrauisch gewordenen Welt gibt! Sie sind unversperrt, gewähren uns ohne weiteres Einlass. Man braucht nicht zu läuten, keine Sperrkette muss gelöst, keine Türklinke von innen gedrückt werden. Hier wohnt noch Vertrauen in den Mitmenschen.

Schon im Hausgang ist ein Teil des Angebots in Steigen ausgebreitet: Rote und gelbe Rüben, Sellerie, Lauch, mehlige und Salatkartoffeln. Hinten im Eck, in einer Kammer, die als Verkaufsraum dient, finden wir die Bäuerin.

»Iatz warst aber scho länger nimma da«, werden wir begrüßt. Aha, sie beliebt einen leisen Tadel auszusprechen. Als Wiedergutmachung händigen wir ihr unsere leeren Eierschachteln und Plastiktüten aus, Verpackungsmaterial für die Laufkundschaft. Dann ordern wir Milch, Eier, Topfen, selbstgequetschte Haferflocken, dazu Sellerie und gelbe Rüben und lassen uns für Kalbfleisch und Leber vormerken, wenn in vierzehn Tagen geschlachtet wird.

Auf einem Zettel wird zusammengerechnet. Um 24 Euro und dreißig Cent schleppe ich einen ganzen Korb voll Viktualien aus erster Hand ab. Dann gilt es noch, die kleine Maus aus dem Kuhstall loszueisen. Sie schiebt gerade mit einem Fuß den Kälbern Heu vor die Mäuler und versucht dann vorsichtig, ihre samtenen Schnauzen zu streicheln, wobei ihr ein schwarzer Kater neugierig zuschaut.

Für die Kleine ist das mindestens so interessant wie ein Besuch in Hellabrunn, und für mich eine belebende Auffrischung jenes Bauernbluts, das von fernen Urgroßeltern immer noch leise in mir pulsiert.

Alkoholisches

Die einen lassen eine Blaskapelle das Lied vom Hofbräuhaus schmettern, in dem die Gäste zum Oans-zwoa-Gsuffa ermahnt werden, die andern, am Stammtisch, fragen provokativ: Habts a Hand frei? Nämlich um den Krug zu ergreifen und anzustoßen.

Hau ruck! Nach Fürstenfeldbruck und wieder zruck!

Auch dieser etwas rätselhafte Spruch wird in und um München gerne abgelassen, wenn die Krüge aufeinanderrumpeln. Wieder andere beginnen mit erhobenem Gefäß feierlich im Chor zu singen: Stoßet an mit harmonischem Klange, stoßet an, stoßet an!

Mag schon sein, dass Trinken den Geist beflügelt, wie uns nicht wenige Schriftsteller, die gerne am Tropf hingen, bis zur Leberzirrhose hin bewiesen. Mag schon sein, dass es die Zunge lockert, wie uns immer wieder lautstarke Diskussionen am Wirtshaustisch zeigen. Aber hängt sie nicht am Ende wie ein Klumpen Blei in der Goschn? Der Rausch lässt grüßen!

Hier nun gilt es zu unterscheiden zwischen Schwips, Dampf, Nickl, Wurf und Vollrausch. So beseligend ein Schwipserl sein kann, so niederschmetternd der große Rausch! Das eine ein leichter Schwinger, der andere wie ein Kinnhaken. Schwankend und lallend steigt man aus dem Ring, wenn man nicht gar von einem Sanitäter in einer Ausnüchterungszelle ausgezählt wird.

Ein passender Vers dazu heißt:

Guter Mond, du ziehst dahin, hast keinen Grund zur Klage. Du bist im Monat nur einmal voll, wir sind es alle Tage!

Richtig: Wer niemals einen Rausch gehabt, der ist kein braver Mann. Aber wer immer wieder einen hat, der hat echt einen in der Krone!

Früher gab's die berüchtigten Freitagsräusche, als der kleine Mann seinen halben Wochenlohn versoff, um sein karges Dasein für ein paar Stunden zu vergessen. Heute sitzen manche still zu Hause und rühren den täglichen Fernsehschmarrn mit Bier, Wein oder Schnaps an, um ihn erträglicher zu machen.

Seltsam ist, wie verschieden reichlicher Alkoholgenuss auf Menschen wirkt. Der eine haut seinem Gegenüber den Maßkrug auf den Schädel, der andere steckt der Kellnerin zum Dank für den servierten Ruaß einen Zwanzger in den Ausschnitt. Auch bezüglich der Gesundheit gibt es verschiedene Typen:

Wird einer früh vom Tod getroffen, dann heißt's, er hat zuviel gesoffen. Stirbt aber einer von den Alten, dann heißt's, den hat das Bier erhalten.

Viele Wirtschaften sind nach Bäumen benannt; die Linde, die Eiche und der Tannengarten lassen grüßen. Woanders geht die Alte und die Neue Post ab, auch Adler, Tauben und Eulen nisten da und dort an Straßenecken. In einem Zwitscherstüberl hörte der Schwager einmal folgende Wechselrede zweier Zecher, die wie ein Ritual zelebriert wurde:

I sauf di o!
Sauf her auf mi!
's guit dei Wohl!
Des dei wia 's mei!
Soist scho lebn aa!
Bereits!

Unser bayrisch Brot

Wie soll man ein Land regieren, das an die 200 Käsesorten hat, klagte einst de Gaulle. Brotmäßig gesehen ließe sich Frankreich leichter lenken. Da gibt's fast nur das stangenförmige Baguette – und damit basta.

Ganz anders in Bayern. Da tummeln sich allein schon in den Regalen mancher Bäckerläden zwei Dutzend Brot- und Semmelsorten. Für bayerische Leiber gibt's die unterschiedlichsten Laibe und Laiberl, die vielfältigsten Wecken und Weckerl; wobei wir fremde Backwaren, vom Finnenbrot über das schon erwähnte Baguette bis zu den Vinschgauer Loabaln aus Südtirol großzügig mit einbeziehen. Stolzer sind wir natürlich auf unsere Schwaben- und Frankenlaibe, unser kerniges Roggenbrot, unsere duftenden Weizenwecken. Auch der Dinkel ist wieder in die Backstuben und Brotwecken zurückgekehrt, den schon Hildegard von Bingen, Nonne, Äbtissin, Heilige aus dem 12. Jahrhundert, seiner Bekömmlichkeit wegen hoch gelobt hat. Da und dort sind Dinkelhörnchen der große Renner, während Dünkelhörnchen mit Vorliebe in sogenannten besseren Kreisen herumgereicht werden.

Auch Mischbrote sind gefragt. Da gibt es Dreikorn-Wecken und Sechskornlaibe. Von letzteren erhoffen sich freilich manche, die sich gern ein X vormachen lassen, vergebens eine gewisse Aufmunterung.

Auch mit Gewürzen lässt sich trefflich differenzieren. Da gibt's den Korianderlaib und den Kümmelwecken, das Sesam-, Leinsamen und Sonnenblumenbrot. Auch Nussbrot, Apfelbrot, Bananenbrot wird angeboten, vom vorweihnachtlichen Kletzenbrot ganz zu schweigen.

Gern gegessen wird auch das sogenannte Weltmeisterbrot, das unser Ex-Torjäger Klinsmann, ein gelernter und auf Fußball umgesattelter Bäckerbursch, aus seiner alten Teigschüssel gestampft hat. Ein Weltmeister lässt für uns backen, damit auch wir weltmeisterlich kauen und verdauen lernen.

Auch die kleinen Brötchen werden in Bayern, natürlich als Semmeln, in reicher Auswahl gebacken. Vom Maurerloawe bis zum Römischn (eigentlich Riemischer) Weckerl, vom Salzstangerl bis zur klassischen Brezn, vom Mohnzöpferl bis zur Kaisersemmel, vom Pfeningmuckl bis zur Käs- oder Specksemmel reicht die Palette.

Ob nun Wecken oder Loaberl, Laib oder Semmel, in Scheiben geschnitten bilden sie eine ideale Unterlage für Butter, Wurst, Schinken, Käse, auch für Schnittlauch, Gurkenscheiben und Tomaten. Schon als Kind lernt man hierzulande den Spruch: Roggenbrot macht Wangen rot, Schinkenbröter machen sie noch röter.

Mia san mia

Die Einschläge kommen näher

»Wie geht's, Onkel Wasti«, fragte ich den inzwischen über Achtzigjährigen, als ich ihn dieser Tage wieder einmal pflichtschuldigst anrief. Denn nicht nur der jüngste Bruder meiner schon lange verstorbenen Mutter ist er, sondern auch noch mein Firmpat, der mir, obwohl damals arbeitslos, an jenem denkwürdigen Tag im Münchner Liebfrauendom eine gediegene Armbanduhr in die Tasche meines Anzügerls hatte gleiten lassen.

Der Onkel Wasti räusperte sich. Schließlich sagte er mit seiner immer noch rauchigen Stimme (er war stets ein starker Raucher gewesen, bis es ihm sein Arzt vor ein paar Jahren streng verboten hatte), er sagte also: »Im großen und ganzen guat – aber die Einschläge kommen halt immer näher!«

Damit meinte er, schlicht und ergreifend (hier passt die Floskel ausnahmsweise einmal), dass er immer öfter seinen schwarzen Mantel aus dem Schrank holen müsse, um an Beerdigungen von Bekannten, Verwandten und Vereinskameraden teilzunehmen. Obwohl im tiefsten Niederbayern geboren, ist nämlich der Onkel Wasti Mitglied eines Gebirgstrachten-Erhaltungsvereins, und wenn er seine »kurze Wichs« anhat und den verwegenen grünen Hut mit Gamsbart auf dem Kopf, traut man ihm ohne weiteres zu, einen Gamsbock zu schießen, sei es nun mit oder ohne Jagdschein.

Die »einschlägige« Bemerkung ließ mich sehr nachdenklich zurück. Denn nicht nur meine zahlreichen Onkeln und Tanten hatten sich, bis auf den Onkel Wasti eben, schon alle davongemacht, auch von deren

Kindern, meinen Basen und Vettern, war die eine und der andere, obwohl jünger als ich, schon, wie man so schön sagt, in die Ewigkeit abberufen worden; und dazu so mancher Kollege, Schulfreund, Nachbar. Kamen auch bei mir die Einschläge immer näher?

Nun hab ich zwar einen Spaten (von der BayWa) in der Garage stehen, aber selbst wenn ich mir damit einen Graben ausheben würde, gegen Einschläge der erwähnten Art nützte er rein gar nichts. Ob ich vielleicht den Bierkonsum drastisch einschränken und statt dessen stramme Gymnastik am offenen Fenster machen sollte?

Ich rief noch einmal bei meinem letzten verbliebenen Onkel an und sagte: »Entschuldige, dass ich schon wieder da bin. Es geht um die Einschläge, die immer näher kommen. Rauchst Du eigentlich gar nichts mehr?«

Der Onkel hustete: »Nur noch ganz selten und bestimmt nicht, wenn ich zu meinem Arzt muss; denn der hat eine unheimlich gute Nasn für so was. Hast mi?«

Ich hatte ihn. »Und wie steht's mit Alkohol, speziell mit Bier?«

»Ich soll jeden Tag drei Liter Flüssigkeit zu mir nehmen, hat der Doktor gsagt«, meinte der Onkel Wasti vieldeutig.

»Und ohne Bier ging des ja gar nicht – stimmt's, Onkel Wasti?«

»Genau. A Trachtler ohne Bier, des wär ja wiara Lederhosn ohne Tür!«

»Und wie stehts mit Gymnastik, überhaupt mit Bewegung?«, bohrte ich weiter.

»Du, hör einmal, ich hab Gymnastik und Bewegung in meinem Leben gnua ghabt. Da werd ich mir doch mit achtzig koan Fuaß mehr ausreißn!«

»Nimmst Du dann wenigstens Vitamin-Tabletten?«

Darauf der Onkel Wasti: »Spinnst jetzt ganz?«

»Auf deutsch gsagt«, fasste ich zusammen, »du tust praktisch nichts gegen die näherkommenden Einschläge?«

»Mei, Bua (er sagte tatsächlich »Bua«), redst du an Schmarrn! Gegen diese Einschläge bist machtlos. Da helfen keine Tabletten, keine Spritzen, keine Lebensversicherung. De muasst nehma wias kumma, und dann ganz schnell wegsteckn. Einfach verdrängen, nimmer drandenkn. Wo glaubst du zum Beispui, dass ich mein' schwarzn Mantl hängen hab? Im Speicher drom, in am alten Schrank, damit i'n net jedn Tag anschaun muass.«

»Nicht schlecht«, sagte ich und bedankte mich bei meinem Onkel für die geleistete Lebenshilfe. Dann holte ich meinen schwarzen Mantel aus dem Kleiderkasten, schleppte ihn in den Keller hinunter und versenkte ihn in einem alten Schließkorb. Auf Wiedersehen bis zum nächsten Einschlag!

Hauptsach g'sund

Haben Sie das auch? Auf einmal fängt's im Ohr zu summen an. Zuerst meint man, irgendwo bei den Nachbarn läuft eine Maschine, aber dann merkt man, dass das alles selbst erzeugt ist.

Oh mei, san S' staad! Ohrensausen hab' ich wahrscheinlich öfter wie Sie. Und viel stärker. Bei mir klingt das wie Meeresrauschen.

Ah geh! Aber jetzt gebns' obacht: meine Zehen, die beißen oft schon so, dass ich sie ausreißen möcht! Mit Kratzen allein ist es da nicht mehr getan.

Wem sagen Sie das! Das ist ein ganz ordinärer Fußpilz, wie man sich ihn in jeder besseren Badeanstalt holen kann. Sie haben ihn offenbar nur an einem Fuß. Aber ich, ich hab ihn an alle zwei! Ich sag Ihnen, wenn die mitsammen das Beißen anfangen, dann heißt die nächste Station Wahnsinn!

Aber das werden Sie nicht haben, dass es nach dem Essen im Bauch drin rumpelt und pumpelt. Da kommen Töne zustande, also ich sag Ihnen ...

Nicht werd' ich das haben! Ich kann oft halbe Tage nicht aus dem Haus gehen, solche Geräusche treten da auf. Die hört man sogar noch im Nebenraum.

Verwechseln Sie da nicht was? Ich mein fei nicht jene Töne, die wo ...

Nein, nein, wir meinen schon dasselbe. Etwas anderes tät ich ja gar nicht in den Mund nehmen!

So? Und wie steht's dann bei Ihnen mit dem Absterben der Finger in der Nacht? Wollen Sie das vielleicht auch so stark haben wie ich?

Erzählen Sie mir bitte nichts vom Absterben der Finger! Wie oft bin ich schon aufgewacht und hab' zehn Scheintote in den Händen g'habt!

Aber so Seitenstechen bekommen Sie bestimmt nicht beim schnellen Gehen wie ich. Da sticht's mich oft so, dass es mich zusammenkrümmt wie einen Wurm.

Sie sind gut! Jetzt will ich Ihnen mal was sagen: Seitenstechen allein ist eine Wohltat. Bei mir tritt es immer zusammen mit Nasenbluten auf. Und das schon seit dem fünften Lebensjahr.

Hm. Jetzt brauchen Sie bloß noch sagen, dass Sie Augenflimmern auch haben! Immer, wenn ich länger am Fernseher sitz' ...

Entschuldigen S', dass ich Sie unterbrech'. Wo meinen S', dass ich grad herkomm? Von der Augenklinik! Weil ich neulich den Pilawa für den Jauch angschaut hab'.

Wie ich Sie kenn, werden Sie natürlich auch öfters einen steiferen Hals haben wie ich?

Erinnern S' mich nicht! Heut ist erst der dritte Tag, dass ich wieder problemlos umschauen kann.

Aber Sodbrennen haben Sie gewiss nicht so oft wie ich. Wenn ich z.B. ein Bifflamott ess, dauert's keine ...

Hörn S' ma mit'm Sodbrennen auf! Sogar wie ich in Bad Wörishofen war und täglich ärztlich kontrolliert worden bin, hat's mich brennt, das Sodbrennen. Und in Bad Füssing auch.

Ich seh' schon, Ihnen kann man nicht an! Der Hexenschuss ist Ihnen wohl gleichfalls ein lieber Gast?

Sie sagen es. Regelmäßig alle Vierteljahr schießt er mir ein, sonst bin ich nicht g'sund!

Gut. Aber in einem werden Sie mich nicht übertrumpfen können, im Heuschnupfen. Ich hab' ihn diesmal bis in den November hinein gehabt. Mein Hausarzt hat nur so gestaunt!

Dafür hab' ich mitten im Hochsommer einen Keuchhusten bekommen. Drei Kapazitäten haben mich im Großklinikum Großhadern stationär behandelt.

Sie gönnen mir wohl überhaupt nichts? Ihnen wenn man so zuhört, wundert man sich direkt, dass Sie noch nicht beim Probeliegen im Ostfriedhof waren!

Das könnt ich mir wegen meines Rheumatismus gar nicht erlauben!

Dann rutschen Sie mir doch bittschön den Buckel herunter!

Des geht auch nicht – wegen meiner Bandscheiben.

Müssen Sie unbedingt das letzte Wort haben?

Streiten wir uns doch nicht um solche Lappalien. Hauptsach', dass ma g'sund san!

Hasch mich, ich bin der Schmai!

Ha-tschiii! Wen es derartig reißt, der hat entweder einen Schnupfen im höchsten Stadium, oder er ist ein Anfangsschnupfer, und das heißt: ohne selber verschnupft zu sein, hat er geschnupft, nämlich einen Schnupftabak, bayerisch Schmalzler, Schmaizler oder Schmai, neuerdings auch Bauern-Hasch genannt.

Ja, schauts ihn nur grad an, den Anfänger! Richtige Tränen rollen ihm aus den Augen, die Hand fährt in die Hosentasche nach dem Schneuzhadern, und nochmals reißt es ihn und ein drittes Mal.

Spöttisch steht der Profi, der Tag für Tag im Nasentraining steht, daneben. Mitleidig lächelnd haut er sich eine Pris in das Gewusst-wo-Grüaberl der friedfertig geballten Hand, dann legt er den Kopf auf die Seite, um das zu bedienende Nasenloch in die rechte Stellung zu bringen, und zieht die kleine Pyramide wie ein Qualitätsstaubsauger, ohne im geringsten zu bröseln, in Richtung Hirn.

Tatsächlich soll man durchs Schnupfen einen besseren Durchblick bekommen. Aber auch den Katarrh soll es hintanhalten und die Augen stärken. Daneben ist der Schmai ein Tröster der Seele, wie der alte Spruch bezeugt: »Gib ma a Pris, weils mit da Lies aa nix mehr is!« Und er zählt zu den ganz wenigen Genussmitteln, die uns von den Ärzten nicht ständig vermiest werden. Am Schmalzler ist noch keiner gestorben, ja, nicht einmal von der kleinsten Nasenscheidewandentzündung hat man je vernommen.

Kritisch würde es vielleicht werden, wenn der Schnupftabak direkt ins Gehirn überginge. Doch dies ist nicht der Fall. Er verlässt die Nase wieder auf dem vorgegebenen Weg, wovon sich jeder leicht überzeugen kann, wenn er, sofern ihm nicht graust, das blaue oder rote Schnupftüachl eines Gewohnheitsschnupfers näher untersucht.

Diese Schnupftüachl sind großmächtige Hadern, die gewöhnliche Taschentücher ohne weiteres »schnupfen« könnten. Man wundert sich, dass sie überhaupt in einem Hosensack Platz finden. Hebt man sie auf, perlt es daraus hervor, und sinnigerweisse hieß ja auch eine früher viel geschnupfte Marke »Perlesreuter«.

Ich erinnere mich noch gut, dass dies Schnupftüachl ein ewiger Zankapfel zwischen meinem Großvater väterlicherseits, der als echter Oberpfälzer mit Schnupftabak sozusagen großgezogen worden ist, und der Großmutter waren. Dazumal gab es noch keine Waschmaschine, alles musste »von Hand« gebürstet werden. Ein alter »Saubär« ist da einem empfindamen Gemüt wohl schon mal ausgekommen.

Der Großvater aber senkte keineswegs schuldbwusst den Kopf. In stoischer Ruhe nahm er die Vorwürfe hin. Sicher kannte er jene erste Strophe des Schnupflieds: »Mir ham scho Weiba ghabt, de ham uns nimmer mögn, weil mir um d'Nasn rum voller Tabak san gwen. Mir ham uns nix draus gmacht, mir hams glei selba gsagt, dass uns vui liaba is a Pris Tabak«

Einen großen Fehler aber hat der Schnupftabak doch! Er ist kein bayerischer Spezialfall wie etwa die Weißwurst oder der warme Leberkäs. Und wenn wir auch noch so fest glauben, er sei vom lieben Gott maßgefertigt für Bayernpratzen und Bayernzinken, wir müssen uns belehren lassen, dass das Schnupfen am französischen Hof aufkam, der »Alte Fritz« lange schon vor unserem »Kini« seine Nase fütterte und auch Napoleon nicht nur halb Europa, sondern auch auch selber pausenlos geschnupft hat.

Der Name Schmalzler oder Schmai, den freilich gibt's nur in Bayern. Er kommt daher, weil der Tabak früher mit Schmalz verrieben wurde. Und wo gäbe es eine Schnupferhymne, die sich mit unserer vergleichen ließe: »Der Duwak-wak, der Duwak-wak, der Duwak ist mein Läben, der Duwak-wak, der Duwak-wak, der Duwak is mei Freid!«

Das verstehen andere Volksstämme gar nicht mehr! Genauso wenig wie den schönen Reim: »Wenn i an Huat hät, lupfaten, wenn i an Schmai hät, schupfaten.« Da ist der in »Vitrioiöi eitauchte Oachkatzlschwoaf« direkt ein Kinderspiel dagegen.

Nein, wer das bayerische Sprachabitur bestehen will, der muss schon den genannten Vers bis hin zur zungenbrecherischen dritten Person Plural weitersprudeln können: »Wenn's an Huat hän, lupfatnsn, wenn's an Schmai hän, schupfatnsn.«

Wers ohne Stolperer zustandebringt, dem soll zur Belohnung eine staatliche Pris auf dem Handrücken wachsen und zu ihm sagen: »Hasch mich, ich bin der Schmai!«

Die bayerische Ruah verloren

Unser schöne königlich bayerische Ruah, diese beste aller Ruhen, ist uns republikswegen im Jahr 1918 verloren gegangen, nachdem sie schon 1866 und 1871 schwer erschüttert worden war. Seitdem haben wir bloß noch die »bayerische Ruah« allein, und auch die ist schon lange nicht mehr das, was sie einmal war.

Dabei müssen wir jetzt sogar noch froh sein um diese einfache, entadelte, schlichte Ruah. Noch nie war sie so wertvoll wie heute, noch nie so gefährdet. Hektik, Schnellebigkeit und Leistungsstress reißen das Maul auf gegen die boarische Ruah und fressen sie wohl bald noch ganz auf.

Wer hat sie denn heut schon noch? Du nicht und ich nicht und nicht einmal der Meier Hansi vom 2. Stock, der bereits im zarten Alter von fünf Jahren in der Vorschule für die Leistungsgesellschaft dressiert wird.

Der alte Prinzregent, ja, der hatte sie noch, seine königlich bayerische Ruah. Obwohl auch damals schon der forsche Bismarck ein schönes Stück davon auf seine Pickelhaube gespießt hatte. Doch wenn der brave Luitpold zur Jagd ins Gamsgebirg fuhr oder in seiner Residenzstadt München mit den Kunstmalern becherte und dabei seine Zigarren verteilte, dann konnte ihm, mit Respekt gesagt, der eiserne Kanzler im fernen Berlin den Buckel runterrutschen.

Heute ist in den prallen Terminkalendern der in Bayern Regierenden die bayerische Ruah längst ausgestrichen.

Das Sinnbild bayerischer Ruhe ist nicht der Schäfer, der, den Kopf auf seinen Stab gestützt, sinnend in die

Weite blickt, sondern der Privatier, der nach getaner Arbeit im Bräustüberl sitzt und dem Feuerwehrmann, der ihn, weil es nebenan brennt, von seinem Stuhl auftreiben will, unwirsch entgegnet: »Sehng S' net, dass i grad iss.«

Wie wertvoll uns unser angestammte boarische Ruah auch heute noch wäre, beweist nichts so sehr wie die ständig vorgetragene Bitte, sie einem doch um Himmelswillen zu lassen. »Geh, lass ma doch mei Ruah!« ist einer der Standardsprüche unserer ruhelosen Zeit. Leider wird er meist vergebens vorgetragen. Man will sie uns einfach nicht lassen.

Fast jeder Arzt verordnet heutzutage neben Pillen und Pulvern Ruhe, weil die Mehrheit von uns ein so dünnes Nervenkostüm trägt, dass man die Neurosen darunter mit freiem Auge erkennt. Doch unser boarische Ruah von früher ist halt leider in keiner Apotheke erhältlich. Als sie dennoch kürzlich einer verlangte, sagte der Apotheker im reinsten Nachkriegs-Latein: »Hamma nimma und kriagn ma aa nimma rei!«

Sag mir, wo die Ruah hin ist, wo ist sie geblie-ieben? Wir sollten, ehe uns der Deifi im Hundertkilometertempo in den ewigen Ruhestand befördert, eine Suchanzeige aufgeben, folgenden Inhalts: »Bayerische Ruah, weit über tausend Jahre alt, besonderes Kennzeichen: unerschütterlich, mit unbekanntem Ziel durchgebrannt. Dem Finder winkt hohe Belohnung!«

Manche wollen, wie sie singen, ihren ollen Kaiser Wilhelm wieder ham. Wir nicht. Uns würde unser boarische Ruah vollauf genügen.

Boarische Ruah, kehre endlich wieder zurück. Deine tief beunruhigten Unruheherde.

Bayerische Oase mit zehn Buchstaben

Bayerische Oase mit zehn Buchstaben? Ob das nun 7 waagrecht oder 19 senkrecht wäre – ein Kundiger brächte stets »Biergarten« heraus.

Da gibt's einmal die großen hauptstädtischen und dann die kleinen, abseitigen. Ihre Lage vertraut man nur guten Freunden an, sie sollen schließlich nicht auch noch zu überlaufenen Tausend-Trinker-Territorien werden.

Doch haben, je nach Gemütslage, beide ihre Reize. Wer in einer Masse von Gleichgesinnten ähnlich einem Fußball-Fan in der richtigen Stadionkurve verweilen möchte, der kann sein Ich-Gefühl zum berauschenden Wir-Erlebnis steigern; wer Ruhe und überschaubare Behaglichkeit sucht, der wählt jene Kastanien-Bäume, die in versteckten Hinterhöfen oder weltvergessenen Dörferln ihre Äste über maßkrugbestandene Tische breiten.

Dem bayerischen Biergarten wird von Anfang an nachgerühmt, dass es auf seinen schlichten Bänken und Stühlen keine Standesunterschiede gäbe, dass der Herr Regierungsrat »anstandslos« neben dem Bauhilfsarbeiter seinen Radi isst. Hat er also erreicht, wonach ganze Ideologien vergeblich strebten – die klassenlose Gesellschaft?

Lassen wir die Frage unbeantwortet neben der Schänke stehen, wenden wir uns lieber der Kleiderordnung zu. Also: feines Tuch ist im Biergarten nicht gefragt, eher schon grobes, zerknittertes Leinen, flatternde Baumwolle. Alles halt, was unter den Begriff »salopp« fällt.

Obwohl im Biergarten Krawattenzwang ein Absurdum wäre, kann doch, wenn er's durchaus nicht lassen kann, der elitäre Knilch auch »mit« erscheinen, ohne dass wer daran Anstoß nähme. Allerdings sollte dann auch er nicht die Nase rümpfen über den Jogger, der im gleichnamigen (und leicht verschwitzten) Anzug den Biergarten zu Rast und Stärkung anläuft.

Merke: die Aura, die den Biergarten umschwebt, ist aus Toleranz gestrickt! Und darum darf auch der Nichtbayer, wenn er unbedingt darauf besteht, Weißwürste mit Sauerkraut bestellen oder Limburger mit Marmelade, gleichwie wir dem Herrn Nachbarn sein »Bleifreies« (wie das alkoholfreie Bier gern umweltfreundlich genannt wird) nachsehen. Kennen wir die Radar-Kontrollen auf seinen Heimfahrstraßen, wissen wir um seine Leberwerte? Na also!

Menüs, ob nun mit fünf oder drei Gängen, sind im Biergarten nicht gefragt. Das Bier ist Trumpf, und das sättigende Wort dazu heißt »Brotzeit«. Ein Wurstsalat mit weißen Zwiebelringen, ein Emmentaler mit schön gereiften Löchern, ein kerniges Bauernbrot dazu oder auch der legendäre und schwer zu schreibende »Obaazde« sind die handgeschriebenen Renner auf der Schiefertafel. Auch ein Presssack in Essig und Öl oder ein kalter Leberkäs in der Größe eines Zigarrenschachteldeckels, garniert mit Essiggurkerl und Tomatenschnitzel, finden neben Braten- und Knöcherlsulzen ihre Liebhaber.

Wem der Gusto nach »Warmem« steht, der findet da und dort auch Hax'n und Hendl, die sich am Spieß drehen, oder bekommt, wenn eine solide Mannschaft im Hause köchelt, das übliche Bratensortiment.

Noch eine wichtige Frage: Darf man sich seine Brotzeit – kostenhalber – auch selber mitbringen? In der guten alten schlechten Zeit war das allgemein der Brauch. Heute wird es da und dort nicht gern gesehen. Immerhin: man duldet es. Und mancher Wirt, der sich der Nostalgie verpflichtet fühlt, springt sogar über den eigenen Schatten und vermerkt ausdrücklich auf einer Tafel, dass sie mitgebracht werden darf, die Brotzeit. Er lebe hoch und nochmals hoch! Schade, dass wir seinen Hinweis zu spät wahrgenommen haben!

Wenn wir aber doch einmal mit einem prall gefüllten Brotzeit-Körberl einlaufen, sollten wir's die Kellnerin, damit ihre Gartenlust nicht zum Gartenfrust werde, nicht büßen lassen und ihr ein Trinkgeld geben, das sie für unseren »Frevel« entschädigt.

Es sei denn, sie knallt uns die Maßkrüge mit solch überschäumender Wut vor die Nase, dass es unseren mitgebrachten Aufschnitt vom Tisch schwoabt. Dann natürlich lassen wir uns bis aufs Fünferl genau herausgeben! Des waar ja no schöner!

Wege wie Haar-Schleifen

»Mein Vater war ein Wandersmann, und mir liegt's auch im Blut, drum wandre ich so weit ich kann und schwenke meinen Hut ...«

Bravo bravissimo, kann man zu so einem Fürbassschreiter bloß sagen und ihm wünschen, dass ihm weder Fuss noch Arm erlahmen möge. Das alte, gern gesungene Lied weckt nicht nur Erinnerungen an Schnürstiefel und Ränzel, sondern auch das eigene Verlangen, den Wanderstab zu ergreifen und frischweg hinauszuziehen in die weite Welt.

Den Wanderstab? O du meine Güte, werden da jetzt manche sagen, wie altmodisch! Und außerdem: Wandern auf asphaltierten Straßen, die von fleißigen Straßenbauämtern gnadenlos begradigt wurden, und von Autos und Motorrädern an den Rand gedrängt, hat längst seinen romantischen Hauch eingebüßt. Wer möchte da schon noch ein Eichendorffscher »Taugenichts« sein?

Doch auch hier gilt der Spruch »Wer suchet, der findet!« Gleich das erste Wegerl, das rechts oder links von der breiten Teerstraße abzweigt, führt in die alte Wanderseligkeit zurück. Die steinigen Straßerl sinds, die heute ins Paradies führen. Dem Lauf eines Baches folgend ziehen sie durch den Talgrund, winden sich in einem Bogen zu einem Moränenhügel empor, gleiten sanft wieder hinab, um ein kleines Wäldchen in zwei Hälften zu schneiden, ummanteln dann einen Einödhof, wechseln jäh die Richtung, bis es wieder eine Autostrada zu überqueren gilt. Doch gleich auf der anderen Seite setzt sich das kleine Abenteuer des gewundenen Auf und Ab fort.

Wie Schleifen im Haar eines schönen Mädchens sind diese stillen Straßerl und Wege in die Landschaft gebunden, bilden ein Geflecht, das aus den Wurzeln uralten Bauernlandes herausgewachsen ist.

Auf all diesen vielen weltabgewandten Wegen aus Kies und festgefahrenem Lehm, manchmal noch mit einem grünen Grasband in der Mitte, wandert gemächlich die alte Zeit, wandert die bayerische Vergangenheit dahin, und manchmal auch noch ein stiller Wanderer mit offenen Augen und wachem Sinn.

Nicht so weit wie er kann wandert er, sondern vielleicht bloß zu einem verträumten Weiher in einer Waldlichtung, wo eine Bank mit eingeschnitzten Herzen steht, und den Hut, nein, den schwenkt er mitnichten, als eine Boeing brummend über ihn hinwegzieht. Aber was solls, nach einigen Sekunden verblasst der Vogel am Horizont, und der Himmel ist wieder weißblau wie eh und je.

Aufgehängt in Bayern

Wir Bayern sind eines der kunstfreudigsten Völker dieser Erde. Wohin man auch seinen Fuß setzt, sei es nun eine Altbauwohnung in der Landeshauptstadt, ein Reihenhaus in Erding oder ein Bauernhof im Isarwinkel, überall findet man schmucke Landschaften, satte Stilleben, tanzende Zigeunerinnen, aufgeblähte Windjammer an der Wand hängen. Bereits im Hausgang trifft man auf Schöngerahmtes in Öl oder Aquarell, zum Beispiel einen Bruder Kellermeister in Mönchskutte, der einem mit erhobenem Glas schelmisch zuprostet.

Weniger mit Kunst als mit Stolz aufs eigene Sach und die eigene Leistung haben die gerahmten Urkunden zu tun, die in vielen Bauernhöfen gleich hinter der Haustür von bestandener Melker-, Imker- und Jagdprüfung berichten oder von langjähriger Mitgliedschaft beim Trachtenverein, Bauernverband, der Freiwilligen Feuerwehr, und erst recht jenes große Farbfoto, das einst ein geschäftstüchtiger Drüberflieger vom Hof knipste und das nun verkündet: Da schaugts her, so großmächtig schaugn mir von obn aus!

Weil wir Bayern Lokalpatrioten sind, haben ortsansässige Maler, die die allernächste Umgebung abpinseln, gute Chancen, im Umkreis von 20 Kilometern an die Wand genagelt zu werden. Leider bleiben zum Leidwesen der malenden Zunft wegen der konservativen Grundhaltung der Bevölkerung einmal gekaufte Bilder auf ewige Zeit hängen. Es trifft kaum ein Konsum ein dergestalt, dass zum Beispiel im Sommer die schneeverwehten, zugigen und äußerst ungesunden Winterlandschaften gegen saftige Wiesen mit grasenden Rindern ausgetauscht werden – und umgekehrt.

Sehr viele schöne, preiswerte Gemälde werden in Kaufhäusern erworben, weil da der Rahmen schon dabei ist. Es gibt aber auch Leute, die überhaupt keine Bilder kaufen, weil sie genügend solche erben. Bei denen hängt nichts wie Vergangenheit an den Wänden: Landschaften, die längst verbaut, Blumen, die ausgestorben sind und Menschen, teilweise mit Pickelhauben, die seit über zweihundert Jahren auf den Friedhöfen liegen. Nur bei Umzügen besteht die Chance, dass solche Bilder von fortschrittlichen Kräften beiseite geschafft werden können.

Nicht selten haben Bayern auch einen Stich. Ein Stich ist etwas Historisches, der alte Gebäulichkeiten mit winzigen Personen davor zeigt, die in Uniformen und Zivilkleidern aus vergangenen Jahrhunderten lustwandeln oder in Kutschen fahren. Während der Patriot nur bayerische Stiche hängt, bevorzugen Weltbürger französische oder englische Stiche, um ihren Besuchern die Unterschriften eindeutschen zu können.

Dem angeborenen Sparsinn des Bayern widerspricht es, für ein Bild mehr als 500 Euro auszugeben, insbesondere dann, wenn er, den ein Hang zum Realen auszeichnet, auch beim besten Willen nicht entschlüsseln kann, was es darstellt. Da weicht er lieber auf Drucke von Defregger und Zeitgenossen aus, die ihm die heile Welt aus Försterhaus und Almhütte neben den Kachelofen zaubern.

Trotz der Anhäufung von Kunstschätzen ist für die Regierenden von heute der Aufenthalt in den Behausungen der Untertanen immer wieder enttäuschend. Mit geheimem Groll betrachten sie das gewaltige Matterhorn im Abendsonnenschein, den ertappten Wilderer mit Rehgeiß oder den schelmischen Alten mit dem Pfeiflein im Mund und dem Filzhütl auf dem Kopf. Hingen nicht früher ihre werten Vorgänger, die Könige und Fürsten, überall in Bürgerhäusern und Bauernstuben herum und genossen leutselig lächelnd Verehrung? Warum bloß verweigert sich heute das Volk dem (Farb-)Druck der Obertanen?

Darüber lässt sich trefflich streiten, doch sicher ist das einer der Gründe, weshalb unsere Regierenden nur ungern in die Hütten des Volkes treten und lieber jene staatlichen Gebäude aufsuchen, in denen sie von pflichteifrigen Hausmeistern an hervorragender Stelle gehängt werden.

Eisstockschützen mit Maß

Überall im Lande flitzen, rumpeln, poltern, gleiten in klirrenden Frosttagen die Eisstöcke übers Natur-Gelati – auf Dorfweihern und Baggerseen, an Seerändern und selbst in länglichen Mulden, in denen Regenwasser zu Eis erstarrt ist. Die rund zehn Pfund schweren Scheiblinge drängeln sich an die »Daubn« heran oder schleudern den Stock des Gegners ins Abseits. Ein aufgehobener Vorderfuß weist der eigenen »Moarschaft« die genaue Richtung, und ein aufmunterndes »Da maß her!« begleitet ihre weit ausholenden Armschwünge.

Mancher Stock »verhungert« unterwegs, andere schießen weit über den als Ziel auf dem Eis liegenden Holzklotz (Daubn) hinaus. Die Spielregeln sind leicht zu erfahren, sofern dem Befragten nicht eine allzu große Fahne vorausweht. Das Schnapseln wird bei diesem Kältesport offenbar von manchen für überlebensnotwendig gehalten.

Schon der Mundart- und Volkstumsforscher Johann Andreas Schmeller schildert vor 150 Jahren das Eisstockschießen als ländliches Wintervergnügen. Es ist also viel älter als der Skisport – und im Vergleich zu diesem ohne Stress, Umweltschäden, Verletzungen und große finanzielle Aufwendungen auszuüben, fördert nachbarschaftliche Beziehungen und macht langweilige Nachmittage insbesondere am Samstag und Sonntag zum kurzweiligen Vergnügen.

Das Stockschleudern mit abwechselndem Gehen und Stehen wird überwiegend von gestandenen Mannsbildern ausgeübt, die Tennis, Golf oder gar Drachenfliegen für Schnickschnack halten. Insbesondere Austragler, Rentner und Pensionisten frönen ihm die ganze Woche über mit Leidenschaft. Junge Burschen sind relativ selten unter den Stockschleuderern anzutreffen. Weiberleut nur in Ausnahmefällen. Die Emanzipation ist offensichtlich noch nicht auf den Eisstock gekommen. Oder haben unsere Frauen etwa zu schwache Arme?

Ich fragte eine Bäuerin, warum sie ihrem Mann nicht mit einem Eisstock in der Hand zum Dorfweiher gefolgt sei, an dem er sich nun schon über drei Stunden herumtreibe. »Mia waars schee gnua«, sagte sie, »da woaß i mir was Bessers!« Sprachs und setzte Kaffeewasser auf.

Für gewöhnlich müssen aber auch die Sportsfreunde mit den Ohrenschützern und warmen Stiefeln nicht Durst leiden! Mit Respekt erinnere ich mich an Eisstockschützen, die in regelmäßigen Abständen nach ihren abseits am Eis stehenden Maßkrügen griffen, dies allerdings auch deshalb, damit diese nicht anfroren.

Solch robuste Naturen gibt es anscheinend heute kaum noch. Wie ich am Sonntag an einem von Eisstockschützen vereinnahmten Weiher vorbeiging, wäre ich beinahe über ein Elektrokabel gestolpert, das auf der einen Seite zu den Schützen hinausführte und sich auf der anderen Seite einen Abhang hinauf zu einem Bauernhof schlängelte. Des Rätsels Lösung: eine elektrische Heizplatte am Rand der Eisbahn, auf der ein großer Kessel Punsch dampfte.

Der Fortschritt ist eben auch bei diesem konservativen Sport nicht aufzuhalten. Oder vertragen etwa die bayerischen Mannsbilder keine eisgekühlte Maß mehr, obwohl sie in einer Tour »Da maß her« schreien?

Wie man eine Kellnerin zähmt

Ein Herr sitzt in einem Biergarten. Er hat ein Bierfilzl auf seinen Maßkrug gelegt, weil er nicht will, dass ihm die Spatzen von den Kastanien herunter nachschenken. Der Herr gehört noch jenen altmodischen Kreisen an, die ein Klappmesser in der Hosentasche tragen. Dieses Klappmesser holt er jetzt hervor und beginnt damit einen Ranken Emmentaler, der auf einem Stück Papier liegt, in ordentliche Würfel zu schneiden.

Ich muss noch erwähnen, dass ich dieser Herr bin.

Aber offenbar sieht die Kellnerin in mir ein verdächtiges Subjekt. Sie streicht wie eine Hyäne um meinen Tisch und beobachtet mein Treiben mit argwöhnischen Blicken. Wahrscheinlich ist es in diesem heiligen Haine neuerdings verboten, selbermitgebrachten Käse zu essen.

Ich habe um so mehr Grund, die Kellnerin zu scheuen, als ich soeben Zeuge einer Auseinandersetzung am Nachbartisch war. Eine Dame, die in ihrem Dirndlausschnitt eine Brust von vornehmer Blässe zur Debatte stellte, hatte an verschütteten Bierresten der Vorgänger Anstoß genommen und die Kellnerin gebeten, für Sauberkeit zu sorgen. Worauf das alte Fegeisen zornig mit einem feuchten Hadern über die Platte gewischt und dabei die Seidenschürze der Dame besudelt hatte.

Die Dame: Ogott, können Sie denn nicht aufpassen?

Die Kellnerin : Waarsd doch auf d'Seitn gruckt, du Schupfaratz! Brettlbroat am Osch hocka und unsaoans schikaniern, wo san ma denn, ha?

Die ganze Gefährlichkeit der Alten zeigte sich in der Art, wie sie daraufhin einen jungen Mann, der in seinem Unverstand eine Halbe Bier verlangt hatte, niedermachte: Deppn gibt's, sagte sie, des gibt's gar net! A Hoibe! Wart doch, Du Muadakaiwi, bisd' a Maß vatragst!

In ihrer Raserei achtete sie nicht auf das Hendl, das sie auf einer Platte trug, sodass es ihr auf den Boden fiel. Sie säuberte es oberflächlich mit ihrem Unterrock und brachte es einem Japaner, der es, ohne eine Widerrede zu wagen, mit todtraurigen Augen zu benagen begann.

Jedenfalls wusste ich jetzt, dass ich mich vorsehen musste. Vorsichtshalber stellte ich das Schneiden des Emmentalers ein und machte einen Buckel. Mit aller Wahrscheinlichkeit war ihr Angriff von hinten zu erwarten.

Es dauert keine zwei Minuten, da schnellt ihre Hand über meine Schulter und versucht, den eingeschleppten Kas an sich zu reißen.

Wie gut, dass ich vor Jahren einmal einen Jiu-Jitsu-Kurs besucht hatte. Blitzschnell greife ich zu und mache den berühmten Überwurf. Da liegt sie nun hingestreckt im Kies und reibt sich verwundert die Augen.

Dann rappelt sie sich hoch, tritt an meinen Stuhl und sagt in der liebenswürdigen Art, wie sie so selten geworden ist: So, Herr, und jetzt hol i Eahna glei no an Teller und a Bsteck für Ihm Emmentaler!

Man muss nur in der richtigen Art mit den Leuten reden, dann stirbt die Münchner Gemütlichkeit niemals aus!

Vom »Grüßmuss« auf dem Lande

Das ist immer so eine vertrackte Sache beim Spazierengehen. In der Stadt stellt sich dieses Problem zwar nicht, weder beim Schaufensterbummel, noch beim Entenfüttern im Park. Aber auf dem Lande draußen hat es seine Mucken, wirft seine Schatten voraus und hintnach!

Die Rede ist vom Grüßen. Soll man nun oder soll man nicht? Da wanderst du mit deinem Weibe im gehobenen Freizeit-Look auf sonnenbeglänztem Wiesenwegerl einem ebensolchen Ehepaar entgegen. Beide blicken euch gespannt an, und ihr macht die rechte Spur frei, damit sie reibungslos passieren können. Aber sie hören das Angestarre nicht auf, sodass dich der Verdacht übermannt (im Falle der Ehefrau überweibt), die kennen uns womöglich. Und so lasst ihr, bevor ihr auf gleiche Höhe kommt, ein freundliches »Grüß Gott« erschallen.

Doch nun stecken sie plötzlich wie auf Kommando den Kopf in den Boden und gehen wortlos vorbei.

Sich an einem solch prächtigen Sonntagnachmittag zu ärgern, ist ausgesprochen dumm. Man tut es trotzdem! Dreht sich sogar nach diesem Flegelpaar um, schüttelt den Kopf und gelobt sich: Das soll uns jetzt aber eine Lehre sein!

Und da kommen tatsächlich schon die nächsten. Kinder haben die auch noch dabei und einen Hund. Aber wartet nur, auf einen Gruß könnt ihr lange warten!

Als sie auf drei Meter heran sind, schauen wir stur wie die Böcke geradeaus. Aber was tun die? Sie erfrechen sich, uns zu beschämen! Sie grüßen uns in spontaner Herzlichkeit, sogar die Kinder stimmen mit ein, und der Hund, ein Pudel, bekundet schwanzwedelnd Sympathie.

Peinlich, peinlich! Wir pressen ein verlegenes »Guten Tag« heraus. Auf den nächsten fünfhundert Metern ist uns nicht recht wohl in unserer Haut.

Aber dann kommt doch noch ein Erfolgserlebnis. Schon ist der kleine See in Sicht, da naht wieder eine Familie mit einem Kleinkind. Es trägt, ob Bub oder Mädchen ist nicht erkennbar, eine Rennfahrermütze ... la Nicki Lauda und schmettert uns schon von weitem ein helles »Hallo« entgegen. Wir halloen winkend zurück. Die Eltern begreifen sofort, dass wir ihren Nachwuchs reizend finden, lächeln uns freundlich zu, grüßen uns wie alte Bekannte. Und wir ebenso retour. Ein herziges Bobberl, sagen wir, und winken dann noch eifrig hinterher.

Don't worry, be happy – so einfach ist das also! Nun kommen uns zwei ältere Damen entgegen, offenbar in ein so wichtiges Gespräch vertieft, dass sie uns überhaupt nicht wahrnehmen. Der Ehemann schaut fragend seine Frau an. Die schüttelt den Kopf. Nein, da darf man nicht stören. Der Gruß wird zurückgehalten.

Und schon kommt der nächste, mustert unsern Ehemann, vielleicht weil der eine Bergsteigerhose trägt, mit spöttischen Blicken. Er selber wandelt im eleganten Kamelhaarmantel mit flatterndem Schal, schwarzem Borsalino und eleganten Lackschuhen das baazige Feldwegerl entlang. Von der Grußpflicht in voralpenländischer Moränenlandschaft hat er wohl noch nie etwas gehört! Als der Nobel-Grinser vorbei ist, sagt der Mann zu seiner Frau, so laut, dass es der andere gerade noch hören kann: »Hast den gsehng? I glaab, dass der de letzte Wuidsau, des in dem Gäu no gibt, zum Latha bringa möcht!«

Darauf ist ihm sichtlich wohler. Der nächste Einzelgänger grüßt mit einem knappen »'s Good« und wird mit einem ebensolchen abgefertigt, das nächste Paar bekommt das »'s Good« als erstes geboten und gibt es ebenso lapidar wieder zurück. Jedenfalls, die wahre Freude ist es nicht. Das Ehepaar kratzt die Kurve zu seinem abgestellten Auto und fährt in die Stadt zurück.

Man kann vieles gegen sie (die Stadt) vorbringen, aber ein Gutes hat sie: Man kann sich hundertprozentig darauf verlassen, dass man von niemandem gegrüßt wird und auch selber nicht grüßen muss. Mag sie auch noch so voller Gefahren stecken: »Ein Grüßmuss« gibt es dort nicht!

Das bayerische Du

Es gab einmal eine (noch nicht allzu weit zurückliegende) Zeit, da hat es ein spezielles bayerisches Du gegeben. Aber dann hat ihr berüchtigter Zahn begonnen, es langsam abzunagen, bis nur noch ein Stummel übriggeblieben ist. Wer heute das bayerische Du Leuten gegenüber anwendet, mit denen er nicht von vornherein auf vertrautem Duzfuß steht, begeht unter Umständen sogar ein strafwürdiges Delikt.

Zumindest auf dem Land duzten sich um und auch noch lang nach der Jahrhundertwende durchwegs alle. Das ungewohnte »Sie« wollte einfach nicht über die Lippen, selbst vor Amts- und Würdenträgern kam es, wenn überhaupt, nur stockend heraus. Betrat der Ortsgeistliche die Wirtsstube, tönte es vom Stammtisch herüber: »Bist aa do, Herr Pfarrer, hock di her!«

War der Angesprochene über solche Anrede beleidigt? Keineswegs: Das Du signalisierte ja Sympathie, Einbezogenheit, Dazugehören. Es war das Übliche. Aufhorchen hätte er eher müssen, wenn ihn einer aus dieser Runde »gesiezt« hätte. Das hätte womöglich Reserviertheit, ja sogar Feindschaft bedeutet.

Von solcher Denkweise ist man heutzutage meilenweit entfernt. Da fühlte sich kürzlich wieder einmal ein bayerischer Polizist beamtenbeleidigt, weil er von einem Verkehrssünder mit »Du« angeredet worden war. Und natürlich fand sich gleich ein Richter, der den Duzer zu einer Geldstrafe verurteilte.

Dass – und das nicht nur in Bayern – selbst der liebe Gott und alle Heiligen mit Du angeredet werden, hatte der betreffende Jurist offenbar nicht im Hinterkopf.

Bekanntlich heißt es nicht: »Vater unser, der Sie sind im Himmel« und auch nicht »Gegrüßet seien Sie, Maria«, wie es auch keinen einzigen Heiligen gibt, den man mit »Bitten Sie für uns« anstatt mit »Bitt für uns« anriefe.

Die Zeiten eines gelassen und volksnah richtenden Königlich Bayerischen Amtsgerichts sind eben schon lange vorbei!

Was es mit dem bayerischen Du in Wahrheit auf sich hat, zeigt am besten folgende kleine Geschichte. Der kleine Maxi ist von seiner neuen Lehrerin begeistert. Weil er sie aber immer wieder mit Du anredet, muss er fünfzigmal den Satz »Ich darf die Lehrkraft nicht duzen« schreiben. Als er seine Strafarbeit abliefert, stellt die Lehrerin erstaunt fest: »Du hast ja den Satz gleich hundertmal geschrieben.« Darauf der Maxi treuherzig: »Weilsd as Du bist, Freilein.«

Mit Du angeredet zu werden, erscheint heute manchen fast wie Majestätsbeleidigung. Die echten Majestäten dachten da, zumindest in Bayern, anders. Blättert man im königlich-bayerischen Anekdotenschatz, so stößt man immer wieder auf das bayerische Du, das auch vor König und Prinzregent nicht halt machte. »Weilsd nur grad da bist, Maxl«, soll der erste bayerische König Max I. Joseph von einem Untertanen begrüßt worden sein.

Und der Herr Kini genoss es sichtlich, badete sich im Du des Volkes. Und fragte ihn die Sennerin auf der Alm: »Wuisd an Schmarrn, Majestät?«, so war ihm das gewiss lieber, als wenn sie katzbuckelnd geschraubt gesagt hätte: »Begehren Königliche Hoheit allergnädigst von meinem selbstzubereiteten Holzhackerschmarrn kosten zu wollen?«

Freilich, heute sind wir des bayerischen Dus ziemlich entwöhnt. Wenn es uns unvermutet trifft, schauen wir zunächst einmal etwas verwundert drein, versuchen zu prüfen, wie es gemeint ist: abwertend, anbiedernd oder freundschaftlich.

Ein paar alte Bauern habe ich noch unter meinen Bekannten, die, von Jugend an daran gewöhnt, unbeirrt beim bayerischen Du geblieben sind, und ebenso eine muntere Geschäftsfrau in einer Landgemeinde. Bei ihr übe ich manchmal das bayerische Du, damit ichs nicht ganz verlerne. Unsere Unterhaltung verläuft dann etwa so:

»Grüaß di, Herr Schneider, wo fehlts'n?« – »Schau her, Chefin, des is des Kabel von meiner Frau ihrm Bügeleisen, da is wahrscheinlich a Kurzer drin. Kaannts dei Mo amoi oschaugn?« – »Werd gmacht. Schaugst hoit übermorgn wieda vorbei, oder soi i di oruafa?«

Sovui schee is's, des bayerische Du, wenns die richtige Person rauslässt. Leider ist es schon so weit gekommen, dass ich absichtlich einen Kurzn fabrizieren muss, um wieder einmal in seinen Genuss zu gelangen!

Königlich bayerische Bauernhöfe

Wenn ich im Sommer auf einsamem Straßerl an einem königlich bayerischen Bauernhof vorbeiradle, oder im Winter auf stiller Loipe daran vorübergleite, verspür ich manchmal den Wunsch anzuhalten, einzutreten und an die Kuchltür zu klopfen:

Grüaßgood beinand, i waar da Schneider, und i möcht grad a wengl mit eich ratschn, bals Zeit habts!«

Aber gibt es denn überhaupt noch königlich bayerische Bauernhöfe? Freilich gibts die noch, selbst im Freistaat des 21. Jahrhunderts: wenn sie erstens eine königliche Lage haben, etwa beherrschend auf einem Moränenrücken hingebreitet, und wenn sie zweitens königlich anzuschauen sind in ihrer stolzen Ruhe und Behäbigkeit. Ich wage äber dann doch nicht den Schritt über die Schwelle. »Des ghört se einfach net. Und wer woaß, ob man net grad unglegn kaamat!«

Ein paarmal ist es mir indes schon gelungen, hereingebeten zu werden. Als ich einmal vor einem plötzlich herinbrechenden Gewitter Schutz unterm Vordach suchte, kam die Bäuerin heraus: »Geh, kimm eina, frierst ja bereits wiara Schneider!«

Hatte sie ihn ebba erkannt? Jedenfalls wurde ich in die gute Stube geführt und bekam ein übrig gebliebenes Stück Apfelkuchen vom Sonntag in die Hand gedrückt. Gleich entwickelte sich ein lebhaftes Gespräch. Einerseits wurde ich ausgefragt, andererseits fragte ich aus und erfuhr allerhand Interessantes. Schneller als gedacht war das Gewitter vorüber und beendete zum beiderseitigen Bedauern den Ratsch.

Ein anderes Mal, im Winter, war ein Schnauzl der Wegbereiter in den Hof. Ohne lang zu bellen und sich um meine Skistöcke zu kümmern, schoss er herbei und biss mich in den Unterschenkel. Schimpfend schnallte ich meine Skier ab. Durch den weißen Strumpf sickerte rot das Blut.

Bestürzt eilte die Bäuerin herbei, scheuchte den Hund ins Haus und rief: »Um Gottswuin, hat er di ebba bissn? Nix für unguat, nix für unguat!«

»Habts wenigstns a Pflasta?« fragte ich unwillig.

Auch hier wurde ich in die gute Stube gebeten. Nun kam auch der Bauer dazu. »Grad hab i'n ghaut«, behauptete er. »Des hod er no nia gmacht, du bist da erste!«

Ein schwacher Trost! Die Bäuerin holte selber angesetzten Arnika, strich behutsam die Wunde ein, verband.

»Jetz kriagst no an Kaffee und a Nudl.«

»A Schnaps waar ma liaba«, meinte ich. »Hamma aa, an selberbrenntn Obstler«, sagte der Bauer.

Nach dem ersten Stamperl ließ der Schmerz nach, nach dem zweiten wurde es urgemütlich. Nun kam auch noch der Zamperl herein und wedelte mich an, als ob er mich nie gebissen hätte. Als der Abend her einbrach, wurde der Gast samt Skiern vom Bauern zu seinem Auto gefahren, das im nahen Dorf stand.

»Pfüati!« – »Pfüati!«

Seitdem bin ich ein paarmal wieder dort zugekehrt, wo ich so trefflich verarztet worden bin – teils zu einem kleinen Ratsch, teils um eine Flasche Obstler zu kaufen. Und zu Neujahr hab ich von meiner »Doktor-

Bäuerin« eine Karte erhalten mit den Worten: »Ein gutes neues Jahr und noch einmal nix für unguat, gell!«

Zu einem königlich bayerischen Bauernhof gehören eben auch königlich bayerische Manieren!

Liebe evangelische Agnes

Liebe Agnes (so schrieb dieser Tage ein Bergkamerad an eine Bergkameradin), nie hätte ich gedacht, dass du evangelischen Glaubens bist, oder, wie wir Katholiken gerne sagen, eine Protestantin. Noch dazu, da du im Sommer mit Erwin, Gerda und mir eine Bergmesse am Wendelstein besucht und dabei sehr andächtig das Lied »Großer Gott wir loben dich, Herr wir preisen deine Stärke« mitgesungen hast. Ja durftest du denn das ohne Erlaubnis von deinem Pastor, wie man bei euch die Hochwürdigen Herrn Pfarrer nennt?

Stimmt, protestiert hast du schon einmal! Aber das war bloß, weil dir der Erwin einen fünf Pfund schweren Stein in deinen Rucksack schmuggeln wollte.

Liebe Agnes, ich hab eigentlich nie etwas Verdächtiges bemerkt. An einem Freitag hast du sogar Kaiserschmarrn gegessen, während wir Ripperl mit Kraut bestellt haben. Sodass ich so für mich gedacht hab, schau einer die Agnes an, die hat wahrscheinlich ihre Erziehung bei den Englischen Fräulein genossen.

Jetzt, wo ich durch Zufall erfahren hab, dass du eine Evangelische bist, weil dein Großvater dummerweise aus Nürnberg stammt, frage ich mich natürlich ernsthaft: Hast du den Kaiserschmarrn gewählt, weil es dich danach gelüstete, oder um uns zu täuschen? Doch für so etwas halte ich dich viel zu ehrlich!

Liebe Agnes, was es mir so schwer macht, zu glauben, dass du einer anderen Konfession angehörst, das ist, um es geschwollen auszudrücken, dein äußeres Erscheinungsbild. Wenn ich mir die Bemerkung erlauben darf, du bist von Mutter Natur mehr als andere mit barocken Formen gesegnet worden, und was passte wohl besser zusammen als Barock und Katholizismus?

Hast du nicht bemerkt, dass ich bei der letzten Bergwanderung meist hinter dir gegangen bin? Ich gestehe, werte Agnes, das war nur deshalb, weil ich mich einfach an deinen runden Wadln nicht sattsehen kann! Ich muss dabei immer an gedrechselte Füße von Barocksekretären denken, noch dazu du selber Sekretärin bist, sogar Chefsekretärin.

Hoffentlich hast du in deinem Aufwachsen mitten in erzkatholischer Umwelt nicht Schaden an deiner schönen Seele erleiden müssen! Weiß ich es doch aus meiner eigenen Schulzeit, wie die zwei, drei evangelischen Schüler vor der Religionsstunde immer von uns abgesondert worden sind, auch nicht Wache am Heiligen Grab halten durften und vom Uhrenempfang mittels Firmung ausgeschlossen waren.

Ich durfte dich jedoch inzwischen als so heiteren und unkomplizierten Menschen kennenlernen, dass ich deshalb irgendwelche Komplexe oder gar einen Verfolgungswahn deinerseits ausschließe. Außerdem wurdest du ja durch die Konfirmation einigermaßen entschädigt und wahrscheinlich auch durch viele wunderschöne Sebastian-Bach-Messen, die ich im Radio zu hören auch schon hie und da Gelegenheit fand.

Liebe Agnes, ich komme nun zum wichtigsten Punkt meines Briefes. Könntest du dich zu einer Herbstwanderung mit mir ganz allein die Isar entlang nach Schäftlarn entschließen, mit anschließender Einkehr im Klosterstüberl. Wir könnten dabei unter anderem über die kleinen Unterschiede, vor allem aber über die großen Gemeinsamkeiten unserer Konfession plaudern.

Lässt du von dir hören, liebe evangelische Bergfreundin? In ungeduldiger Erwartung dein christkatholischer Wandergefährte!

Bayern samma

Der angesungene Lenz

Ein scharfer Wind hat das Land blankgefegt. Aus dem sonnenbeglänzten Buckelauf-Buckelab wachsen in klaren Konturen Kirchtürme, zwiebelbehaubte und bleistiftspitze, wachsen Dörfer und Einödhöfe, Kapellen und Bildstöcke. Mag auch von der Gindelalmschneid herunter noch silbern die Rüstung des Winters gleißen, zu Füßen der Berge hat der Frühling schon überall mit gelben Schlüsselblumen die Wiesen aufgesperrt. Die Alten, dem Leben neu geschenkt, räkeln sich behaglich auf der Hausbank, aus langer Pfeife kräuselt blau der Rauch in den Nachmittag.

Im Land vor dem Gebirg, der Münchner liebstem Aufenthalt, ist nicht nur der Lenz unterwegs, sondern auch der Lenz, der eigentlich Lorenz heißt. Beide haben dasselbe Ziel: Das betriebsame Städtchen, in dem sozusagen das Haberfeldtreiben, das oberbayerische Fleckvieh und der Miesbacher Kaas »erfunden« worden sind. Dort wird heut der Frühling angesungen.

Wenn so viele gute alte Bräuche dahinschwinden, dann ist's schön, wenn ein neuerer sich so durchsetzt wie das Frühlingssingen. Immer häufiger wird in den Städten und Dörfern zwischen Alpen und Donau solches den Lenz erweckendes Singen und Musizieren, und überall drängen die Leut in Scharen dazu.

Ist es deshalb, weil im Volkslied und in der Volksmusik noch das alte Bayern singt und klingt, weil darin jene unwägbaren Werte des Gemüts mitschwingen, die in unserer technisierten Welt immer mehr auf der Strecke bleiben? Da wir schon soviel verloren haben, sammeln wir uns um die altvertraute Tonleiter, des Glaubens, so schlimm werde es schon nicht sein, solange noch Zithergezirp unser Ohr erreicht.

Und wie anders wäre es wohl auch zu erklären, dass so viele Junge wieder Gitarre, Hackbrett oder Zither lernen, sich junge Mädchen hinter die Harfe setzen, sich hier zwei Weiberleut und dort drei Mannsbilder zu einein Gesang zusammenfinden? Beim Gamsbart des Fanderl Wastl: Noch zu keiner Zeit hat es so viele Gruppen (»Gruppma«) im Land gegeben, die eifrig bis zum Blasenleiden (an den Fingern) am Werk sind. Schier in jedem Dörferl gibt's hausgemachte »Warngauer Dirndl«, »Mittbacher Sänger«, »Waakirchner Buam«, gibt es diesen oder jenen Drei- oder Viergesang, gibt's singende oder spielende Brüder, Geschwister, Schwestern.

Nicht nur die Lieder und Jodler sind's, die unsereinen zu so einem Frühlingssingen ziehen, sondern auch die Sänger und die Musikanten, und die Zuhörer nicht weniger. Denn was da alles aus den Dörfern und versteckten Weilern zusammenströmt, das ist halt nichts anderes als die »unsrige Rass'«.

Siehst du zum Beispiel dort oben in der dritten Reihe den Mann mit dem runden Kopf und dem rotblonden Schnauzbart? Ein Kelte wie aus dem Bilderbuch! Und dahinter die zwei Mädchen, Schwestern vielleicht, schwarzhaarig, Augen wie Haselnusskerne, Silberkugeln im Schopf und den Süden im Gesicht: ein römischer Legionär oder Kaufmann könnte ihr Urahn gewesen sein. Oder dort das Dirndl im Dirndl, das bajuwarische Gold der Zöpfe aufgesteckt, und schon so brav Holz vor der Hüttn, dass kein einziges Scheitl mehr Platz fände!

Ja, trotz Ketchup, Quark und Bullenmast, ganz ist es ihnen noch nicht gelungen, den deutschen Einheits-Stranitzenkopf in Oberbayern durchzusetzen, so wenig wie es die robuste und billige Kunstfaser vermochte, die gute alte Schafwolle, zu Loden gewebt oder zu altüberkommenen Ornamenten und Zöpferlmustern verstrickt, zu verdrängen.

Das ist das Land, in dem die Männer im Wirtshaus noch gern den Hut aufbehalten, wo noch Jahrtage gehalten werden für die Verstorbenen, noch Heilige was zu sagen haben, Tracht noch nicht ins Museum gewandert und die alte Sprache, trotz schleichendem Substanzverlust, noch gesprochen wird. Wo die Burschen Toni, Hansl, Sepp und Hiasl heißen, die Dirndl (manchmal noch) Afra, Waberl, Kathi und Zenzi, und wo es einen Biwi und einen Waggi aus Partenkirchen gibt, die singen und jodeln können, dass die ganze Kraft, aber auch die ganze Zartheit der bayerischen Seele spürbar wird.

Du Freiheit der Berge, du einfaches Leben, du treuherziger Bua, du almerisches Dirndl! In dem langanhaltenden Beifall schwingt auch eine Ahnung mit von verlorener Unschuld, vom entschwundenen bayerischen Paradies.

»Sie sind doch Oberbayer?« fragte Herr Freese.

»Ja«, sagte ich. »Warum?«

»Die Sache ist die«, meinte er: »Ich möchte auch gern einer werden. Darf ich Ihnen einmal etwas zeigen?«

Er führte mich vor einen bemalten Bauernschrank, öffnete ihn und entnahm ihm einen Gamsbart von so seltener Schönheit, dass es mir fast den Atem verschlug.

»Der hat gut und gerne seine 500 Euro gekostet«, sagte ich bewundernd.

»Reicht nicht, mein Guter«, erwiderte er und kramte ein silbernes Kropfbandl aus einer Schublade: »Sehen Sie, für meine Frau. Sie hat jetzt schon sechs Dirndlkleider, drei kurze und drei lange für den Abend, ich allerdings besitze erst vier Trachtenanzüge.«

»So einfach ist das nicht, wie Sie sich das vorstellen«, bremste ich ihn. »Das sind doch alles mehr oder weniger Äußerlichkeiten. Hat zum Beispiel Ihre Frau auch einen Kropf?«

»Aber das ist doch auch nur eine Äußerlichkeit«, meinte Herr Freese. »Schon«, sagte ich. »Aber es kommt auch auf den inneren Bezug an, auf die Kenntnis von Land und Leuten.«

»Hören Sie mal«, sagte er, »ich lese Ganghofer und Thoma, und die Bayerische Geschichte von Hubensteiner beginne ich gerade zum zweiten Mal.«

»Nicht übel«, murmelte ich.

»Ich fühle mich einfach zu den Bayern hingezogen«, fuhr er fort. »Zwar habe ich das alles nicht mit der Muttermilch eingesogen, doch eine Urgroßmutter von mir stammte aus der Oberpfalz.«

»Warum haben Sie denn das nicht gleich gesagt«, meinte ich. »Mensch Freese, ich begrüße Sie hiermit als heimgekehrten Sohn der Mutter! Eine kleine Prüfung müssen Sie aber trotzdem noch ablegen. Wie muss es beispielsweise anstatt Sahnequark heißen?«

»Rahmtopfen«, sagte er wie aus der Pistole geschossen.

»Und wer war Georg Jennerwein?«

»Sie meinen den Girgl. Er war Wildschütz und wurde vom Jäger Pföderl 1877 in den Tegernseer Bergen erschossen.«

»Können Sie einen Satz sagen, in dem das Wort »dadiadada« vorkommt?«

»Wenn du einen Blumenstock nicht gießt«, sagte Freese, »dann dadiadada, will heißen, dann verdorrt er dir!«

»Unglaublich«, rief ich, »das ist ja toll, einmalig, Spitze! Sicher sind Sie auch schon ein Meister im Schnupfen?«

Freese erbleichte. »Ich wusste, dass das kommen würde«, meinte er gedrückt. »Ja, ich habe es probiert, viele Male. Aber ich reagiere allergisch auf Schnupftabak. Schon nach der kleinsten Prise muss ich an die hundertmal hintereinander niesen. Es ist schrecklich!«

»Verzagen Sie nicht! Schnupfen ist in Bayern kein Pflichtfach. Übrigens würde ich an Ihrer Stelle nicht gleich Oberbayer, sondern klein anfangen und zuerst Niederbayer werden. Nach einem Jahr Lehrzeit rücken Sie dann automatisch zum Oberbayern auf.«

»Ja, aber ich wohne und arbeite doch in München!«

»Es ist nicht räumlich, sondern geistig gemeint«, sagte ich, zog meine Schnupftabakdose heraus und hielt sie ihm hin. Etwas ängstlich nahm er eine Prise und schnupfte sie auf. Dann wartete er auf sein Trompetensolo.

Doch nichts dergleichen geschah. Seine Nase verhielt sich völlig ruhig und diszipliniert.

»Sehen Sie, so ist das«, sagte ich, »alles nur eine geistige Einstellung. Als Sie gleich Oberbayer werden wollten, versagte sich Ihnen der niederbayerische Schmai. Jetzt aber, wo Sie offenbar bereit sind, als Niederbayer anzufangen, passt sich ihr Riechorgan sofort an.«

»Einmalig«, sagte Freese, der Niederbayer.

Und ich sagte: »Also bis auf's Jahr. Wenn Sie dann wieder so eine vorzügliche bayerische Brotzeit auf weißblau gerauteten Tellern servieren wie heute, werde ich Sie persönlich mit einem Salzstangerl zum Oberbayern schlagen!«

Madl vom Land

Sie nehmen dir am Schalter einer Kreissparkasse Geld ab oder als Helferin in einer Arztpraxis Blut, sie verpassen dir als Verkäuferin Pullover und Socken, sie zwitschern als Büro-Amseln durch den Tag oder wieseln als Biermöpse zwischen Wirtshaustischen: Eigentlich gibt es keinen Job, den sie nicht ebenso trefflich auszuüben imstande wären wie ihre Kolleginnen von der Stadt – die Madl vom Land! Und ein paar von ihnen tun sogar immer noch das, was ihnen in der Großstadt am ehesten zugetraut wird: sie machen sich zweimal am Tag – allerdings schon lange mit elektrischer Hilfe – an den Zitzen von Milchkühen zu schaffen.

Sind nun die Madl vom Land urwüchsiger, frischer, kerniger als ihre Großstadtschwestern? Manchmal schon! Sie reden noch ein richtiges Bairisch, wenn ihnen auch oftmals gehobener Berufsalltag die Zunge fesselt. So kann die Stewardess einer Fluglinie, obwohl aus Albaching gebürtig, zu einem Passagier, der ihr auf den Hintern klopft, nicht einfach sagen: »Dua deine Glupperl weg, du Kletznseppe, sunst fangst oane«, sondern wird artikulieren: »Lassen Sie das bitte, sonst rufe ich den Co-Piloten, dass er Ihnen eine zündet!«

Spätestens hier muss ich offenbaren, dass ich, weil gleichfalls auf dem Land lebend, eine ganze Riege von Landmädchen kenne; zwar nicht näher, wie jetzt manche augenzwinkernd meinen könnten, aber doch nah genug, um sich von ihnen ein Bild machen zu können.

Jawohl: Die Madl vom Land, die haben einen speziellen Charme! Und was ihre Kurven anbelangt, so sind sie denen der Stadtmadl mindestens ebenbürtig!

Wenn ich zum Beispiel eine bestimmte Drogerie oder einen gewissen Großmarkt betrete, bin ich hernach jedesmal wieder hingerissen und sage zu meiner Frau, die ich als Wagerlschieber begleitet hab: »Oiso so nette, liabe und freindliche Madl, wia da drin bediena und an der Kasse sitzn, da derfst in München drei Paar Stiefe durchlaaffa, bisd' soiche findst!« Worauf mir meine Begleiterin, wenn auch mit leicht hochgezogenen Augenbrauen, durchaus recht geben musste.

Insgesamt kenne ich drei Madl vom Land, die außer einem rotbackigen Liebreiz auch noch ein echtes Pferd besitzen, mit dem sie am Wochenende durch Wald und Flur streifen. Wie schlug mir jüngst das Herz, als ich, auf einsamer Wanderung begriffen und schon etwas lahmend, eine dieser Schönen plötzlich vor mir auftauchen und anhalten sah. Dachte ich doch, ich würde nun zum Mitreiten aufgefordert. Indessen trat das Pferd nur aus und entfernte sich nach Hinterlegen der bekannten Äpfel mitsamt der Reiterin wieder im flotten Trab.

Wenn nun jemand den Eindruck gewonnen haben sollte, ich hätte etwas gegen die Stadtmädchen, so irrt sich der. Schließlich waren sie es, mit denen ich in meiner Jugend Maienblüte gedrallert, geschussert und Versteckerl gespielt hab. Ich kenne ihre Vorzüge, aber auch ihre Zicken vom Schürzerl- bis hinauf zum Abendkleid-Alter, während mir die Mucken der Madl vom Land doch ziemlich verborgen geblieben sind. Aber ist nicht gerade das die beste Voraussetzung dafür, auf sie ein Loblieb ohne jeden Krächzer anzustimmen?

Und i kenn a schöns Dirndl …

Über die bayrischen Dirndln, heute allgemein Madln, altertümelnd Mädigen und früher keineswegs abwertend Menscher genannt, liegt unseres Wissens noch keine Doktorarbeit vor, obwohl an sie schon unendlich lange hinstudiert wird. Sofern uns unsere eigenen, freilich sehr bescheidenen Studien zu einer Aussage berechtigen, entziehen sie sich einer wissenschaftlichen Beurteilung aus dem einfachen Grund, weil sie zu verschieden sind.

Keine gleicht da aufs Haar der anderen, von ihrer Innenausstattung ganz zu schweigen. Wenig charmant heißt es schon in dem Gsangl über jenes Haus »da drobn aufm Bergerl«, aus dem drei Mädchen herausschauen: »Die erste is kropfert, die zwoate hat Lais, die dritte hat Gelbsucht und werd nimmer weiß.«

Sagen wir es liebenswürdiger: wo die eine ein hinreißendes Himmischmeckerl hat, da erfreut uns die andere mit einem allerliebsten Sommersprossen-Erker und die dritte mit einer hochadeligen Haklnase, als wäre sie ein illegitimes Kind aus dem Hause Habsburg. Und was der einen ihr Holz vor der Hüttn ist, das sind der anderen ihre gachen Wadln und der ganz der andern ihre schneeweißen Knie in der appetitanregenden Dampfnudelform. Freilich, das eine schließt das andere nicht aus, worüber aber ein bayerisches Dirndl niemals traurig sein sollte: »Und d'Liesl von Zwiesl/ hat zwoaraloa Knia,/ was kon denn da d'Liesl/ von Zwiesl dafür.« Na also!

Aus Volksliedern und Gstanzln kann man schon einiges über die bayerischen Dirndln erfahren, aber es sind höchst widersprüchliche Aussagen, die sich zu keinem einheitlichen Bild formen wollen. So scheinen langbeinige Mädchen nicht so angenehm anschmiegsam zu sein als kleinwüchsige: »Und denkt hab i mirs lang scho,/ aber gsagt hab i's nia:/ die langhaxatn Madln/ ham gspitzerte Knia.« Aber: »I kunnt eahm net feind sei,/ dem Wuzerl, dem kloan,/ es wuzelt si so vui nett/ umma um oan!«

Mädchen unter einer gewissen Größe leiden aber anscheinend sehr unter Ängstlichkeit: »Mei Dirndl des kloa,/ kon net schlaffa alloa./ Bal i mi dazua leg,/ kon er schlaffa, der Dreeg!« Doch selbst wenn diese Bedingung erfüllt ist, von manchen will eine gewisse Furcht nicht weichen : »Du tausendliabs Büabl,/ wia stelln mas bloß o,/ dass ma mei Kitterl/ net z'kurz werd vorndro«.

Dass man sich da in der Tat vorzusehen hat, das lässt folgender Vierzeiler klar erkennen: »Hab oamal bloß ummigjauchzt/ über die Alm,/ und iazt hab i scho wieder/ die Hebamm zum Zahln!«

Dann wieder stoßen wir auf ganz starre Typen: »Und's Dirndl is stolz/ wia von buxbaaman Holz,/ waars feichten, kunnt mas biagn,/ na taan d'Hoblspän fliagn!« Die Bewohner des Bayerischen Walds scheint freilich das hölzerne Wesen ihrer Mädchen nicht zu stören, im Gegenteil: »Die Dirndl, de ma ham,/ die macha uns so stolz,/ san wia de Tannabaam/ bei uns im Tannaholz!«

In gewissen Fällen dürften bayerische Mädchen auch zur Unreinlichkeit neigen: »Wenn i wissat, dass er kaam,/ taat i an Hals schö waschn,/ wann i wissat, dass er net kaam,/ taat is bleibn lassn!« Andere wiederum lässt das Erscheinen des Liebsten völlig ungerührt: »Mei Dirndl hoaßt Res,/ bal is oschaug, werds bäs,/ bal is olang, na schreits,/ mit da Res is's a Kreiz«.

Flachbrüstige Mädchen müssen in Bayern auch schon vorgekommen sein, was aber noch lang kein Grund zum Verzagen war: »Wenn's Dirndl koa Herz net hat,/ werd's scho oans kriagn,/ es könna die junga Täuberl/ aa net glei fliagn«.

Die absonderlichsten Gewohnheiten, wie man sie sonst nirgends auf der ganzen weiten Welt antrifft, sind bei bayerischen Mädchen schon beobachtet worden: »Mei Schatz is a Sennerin,/ sie kocht mir a Muas,/ sie hockt auf'n Pfannastiel/ und rührt um mit'n Fuaß.« Und welches außerbayerische Madl verfügte über folgende Kunstfertigkeit: »Und i kenn a schöns Dirndl,/ des hat an schön Gang,/ mit oan Fuaß tuats Gras maahn,/ mit'n andern heigts zsamm!«

Exklusiver Schönheitssinn, aber auch eine gewisse Grausamkeit spricht aus diesem Gstanzl:

»Und 's Dirndl von Lauterba(ch)/ schneidt da Kuah 's Auter a,/ oa Zitzn lassts steh, lassts steh,/ des moants, is schö!« Und was wird den Dirndln von Oberdill nachgsagt? »De Madln de san dick und rund, an Gang hams wie a Dackelhund.«

Rätsel Weib – auch in den bayerischen Dirndln manifestierst du dich! Und doch bringt es ein Schnaderhüpfl fertig, sie in vier knappen Zeilen auf einen gereimten Nenner zu bringen: »Was is an die Menscher dro ?/ Bei de Füaß fangas o/ und obn bei de Haar/ sans scho wieda gar!«

Daraus spricht zwar eine gewisse Geringschätzigkeit, aber auch ein leises Bedauern; denn in Wahrheit kann man von bayerischen Dirndln nie genug kriegen!

»Dir ist net wohl, wennsd net maacheln konst«, sagt sie zu ihm. Und recht hat sie: er zwidert herum, weil er nichts Sinnvolles findet, an das er Hand anlegen könnte.

Dieses »Maacheln« (meist »maachen« ausgesprochen) liegt vielen von uns im Blut, wahrscheinlich haben wir es von unseren Altvorderen ererbt, die in Haus und Hof, in Keller und Speicher, in Schupf, Stall und Stadl immer etwas zu »maacheln«, das heißt herumzumachen, herumzuwerkeln hatten.

Wer zum »Maachler« geboren ist, aber in einer Zweieinhalbzimmer-Wohnung in der Großstadt hausen muss, in der es nach dem Verlegen eines Teppichbodens, dem Tapezieren der Wände und einer Deckenverkleidung mit Nut- und Federbrettern kaum noch etwas zu »maacheln« gibt, ist arm dran. Er schleicht lauernd von einem Zimmer zum andern, hängt ein paar Bilder, stellt ein paar Möbel um und nistet sich schließlich auf dem Häusl ein, wo er völlig zum Entsetzen seiner Lebensgefährtin den makellos weißen Klodeckel mit einer scheußlichen rosa Farbe überzieht. Mei, er braucht halt was zum Maacheln.

Ein anderer nützt die Abwesenheit seines Muckerls und putzt sein Radl im Wohnzimmer, wenn er nicht gar mit einer Lötlampe seine Langlaufskier abwachst, wobei der schöne Leinenvorhang in Flammen aufgeht und in der Badewanne gelöscht werden muss.

Im Winter tun sich die Maachler besonders schwer. Draußen zu maacheln, verbietet die Witterung, drinnen die penible Hausfrau. Herrschaftnei, ein Maachler kann doch nicht ewig und drei Tag Kreuzworträtsel lösen oder andere sitzende Tätigkeiten ausüben, bei denen nichts Gescheites herauskommt!

Was dem Maachler Befriedigung schafft, ist das Gemachte nach gemachter Maachlerei. Ob das nun ein Auto ist, das gewaschen wurde und nun abgeledert in der Abendsonne glänzt, ein Gartenbeet, das humusschwarz auf junge Pflanzen wartet oder ein Ster Holz, der ofengerecht kleingehackt wurde und nun sauber an der Hauswand aufgeschichtet ist, des Maachlers Blick zurück geschieht mit stolz erhobenem Haupt, und weil es wieder kein anderer tut, bestätigt er sich's selber: sauber garbat!

Es ist behauptet worden, der sprichwörtliche Grant des 'gstandnen Münchners rühre daher, dass seiner Neigung zum Maacheln enge Grenzen gesetzt seien. Wie gut hatte es noch der Großvater auf seinem Bauernhof: wenn ihn Großmutter geärgert hatte, ging er in den Heustadl und machte sich an der Gsoodschneidmaschin zu schaffen – irgendwas gab es immer zu tun, und dabei zog langsam der angestaute Dampf ab, und innere Ausgewogenheit stellte sich ein.

Schon jenseits der deutschen Sprachgrenze in Südtirol zieht von Pergine bei Trient das Fersental nach Norden in die Berge hinauf, dessen Bewohner von den Italienern »Mocheni« genannt werden. Die Dörfler der hintersten Gemeinden sprechen noch ein mittelalterlich gefärbtes Bairisch, und die Bezeichnung »Mocheni« leitet sich vom Zeitwort »machen« ab, das die Fersentaler unentwegt im Mund führen. Dort heißt es zum Beispiel nicht »ich hüte die Kühe«, sondern »i moch die Küah hüatn«, nicht »ich wasch mich«, sondern »i moch mi waschn« und so weiter und so fort.

In jenem Tal also leben die Ur-Maachler, die Mochler, und immer, wenn man selber nicht so maacheln kann, wie man gerne möchte, sollte man ihrer mit leiser Wehmut gedenken.

Münchner Twen

I bin a echter Münchner Twen,
mei Muadda is von Giasing gwen,
mei Vadda is mir unbekannt,
i glaab, der war vom Hinterland.
Die beiden hatten sich sehr gern
und wollten meine Eltern wern.
Und heit bin i a Münchner Twen.
Sie ham doch nix dagegn?

Vor zehn Jahr' war i no a Bua
in Lederhosn, Haferlschuah.
Heit hab i Hosnröhrl, so schmal
ois wia da Panamakanal.
De Haar, de kampelt i nach vorn –
i bin a feiner Maxi worn,
ja mehra no: a Münchner Twen.
Sie ham doch nix dagegn?

Da Höchste is für mi da Louis,
da Sätschmo Armstrong, der hat Gfui
im Messing, ehrle, und der Bass!
Aa da Chris Barber is a Fass,
da Narben-Eddie Constantine,
da Marlon Brando, d' Marilyn:
Da steh i drauf ois Münchner Twen.
Sie ham doch nix dagegn?

I fahr mit einem steilen Zahn
am Kleinhessloher See drunt Kahn.
Da Mond spitzt durch den Blätterwald
auf meine schmucke Twen-Gestalt.

Dem Zahn, dem wird das Herz so schwach.
Er schaugt mi o und lispelt »ach«.
Drauf i: »I bin a Münchner Twen.
Du hast doch nix dagegn?«

Wenn mi da Bund zum Barras holt,
na frag i z'erst nach meinem Sold
und dann glei nach da Ausgangszeit,
weil mi sunst 's Exerziern net gfreit.
Und schreit da Unteroffizier:
»Sie san a Rindviech!«, schaug i stier
und sag: »I bin a Münchner Twen.
Sie ham doch nix dagegn?«

Waar i fuchzg Jahr zuvor geborn,
na waar i halt a Lucki worn,
a Gigerl oder dufter Gent.
Doch 's Schicksal hat mi dick verwöhnt.
Drum sag is ehrle und sags frei:
I möchat nia was anders sei
ois wia a echter Münchner Twen.
Sie ham doch nix dagegn?

»Und wann i amoi gstorbn sollt sei …«

Dem Tod frech ins Gesicht lachen, ihm mit sarkastischem Spott entgegentreten, auch das ist möglich – nicht am Friedhof freilich oder am Krankenlager, sondern eher im Wirtshaus, wechselweise den Maßkrug und die Gitarre in der Hand. Sei es nun, dass dieser Mut erwächst aus der bayerischen Gelassenheit, das Unvermeidliche hinzunehmen, sei es, dass ein Stück Notwehr dabei ist – ein altes Volkslied wagt die Konfrontation.

Die erste Strophe: »Und wann i amoi gstorbn sollt sei / dann grabts mi im Keller drunt ei / bei einem Bierfass / mei Magn mags gern nass / a lustiger Friedhof wär das!«

Leicht singt sich das für einen, der noch so recht im vollen Saft steht, den kein Wehwehchen zwickt, den letzter Weihrauch auch in Gedanken noch nie umschwebt hat. Er malt den Teufel an die Wand in der Gewissheit, dass der ihn nicht zu fassen kriegen wird. Und wirklich: Weder hat unser junger Freund einen hohen Blutdruck noch ein Herzleiden, die Arthrose ist (noch) so fern von ihm wie Milbertshofen vom Missouri, Asthma hält er für eine Stadt in Indien und den Hexenschuss für eine Skipiste. Die paar Beerdigungen, an denen er bisher teilnahm, verließ er stets mit der festen Zuversicht: »Mit mir geht in der Richtung gar nix, des merkst da, Boandlkramer!«

Ein Betagter aber wird sich möglicherweise hüten, einen solchen Vers in den Mund zu nehmen. Schließlich könnte man den Ernstfall auch herbeisingen.

Ironisch und prahlerisch geht das Lied weiter: »I bin scho zum Schreiner ganga / er soll ma mei Truacha macha / er soll mas macha / und an Deckl drauf aa / und drauf trallali trallala.«

Mit zwei Maß Bier im Blut geht einem das locker von der Zunge, besonders wenn man sich fühlt wie der Steyrer Hans an seinem zwanzigsten Geburtstag. In dieser Altersklasse und Seelenlage findet man wohl auch den Witz sehr zum Lachen, in dem der Sarghändler einem Interessenten sein Sortiment erklärt: »A Zinksarg ist dauerhafter, aber a Holzsarg gsünder.«

Wer sich alt und elend fühlt, dem wird das weniger gefallen. Und dass auf dem Sargdeckel »trallali trallala« stehen soll, wird er auch nicht lustig finden.

Das Lied hat noch eine dritte Strophe: »Wer werd denn mit meiner Leich' geh / wer werd um mein Grabstoa rumsteh? / Die Gläser, das Gschirr / der Wein und das Bier / d'Frau Wirtin geht aa no mit mir.«

Darauf kann man eher befreit aufatmen. Der Vers signalisiert: Freunde, es ist nicht so ernst gemeint, ein Spaß ist das ganze, eine Gaudi am Wirtshaustisch. »Kellnerin, no a Halbe! Und an gmischtn Presssack in Essig und Öl!«

Ein Wirt beklagte einmal allen Ernstes: »Akrat der Alfons hat sterbn müassn, mei bester Gast, und de Zwoahalbe-Trinker, de lehn alle no!« Er konnte diese Ungerechtigkeit namens Leberzirrhose nicht einsehen.

Der Senn im Himmel

Die schönste Liebeserklärung an die Bayern stammt von einem alten Südtiroler Senn. In der Bergeseinsamkeit behaust, freute er sich über jeden Touristen, der auf seine weltentlegene Alm kam. Und als da einmal der Hans aus Ebersberg eintrat und ein herzhaftes »Grüaß Good« bot, da kam sie spontan heraus, jene Liebeserklärung: »Wenn a Boar kimmt«, so sagte der Senn, »seil isch, wia wann da Herrgott an Himml aufduat!«

Welcher Dichter könnte poetischer vom unerwarteten Auftauchen einer Geliebten singen! Ist vielleicht bei unserem Sennen auch eine Eva der Anlass gewesen, eine bayerische Kathi, Burgl, Resi oder ein Annamirl, dass er die Bayern fortan beinah für Engel gehalten hat?

Oder war es eher so, dass er bisher nur die Besten unserer Besten kennengelernt hatte und von den anderen und ganz andern verschont geblieben war? Also von den Streithanseln und den Verdruss-Gretln, von den Lackln und Gloiffen, von den Schafwaschern und Schafzipfen.

Möglicherweise tut sich aber auch auf einer Alm der Himmel leichter auf als anderswo. Erstens pflegen sich Grantscherbn nicht vorzugsweise auf solchen Höhen herumzutreiben, zweitens möchte man gern glauben, dass die ewige Schönheit der Berge selbst bei jenen, die vorher aufgezählt wurden, eine kurzfristige Besserung bewirkt.

Es könnte aber auch sein, dass gutmütiger Spott in den Worten des Alten gelegen hatte. Vermutlich hatte ja auch ihm einmal der Großvater von den »Boarnfackn« erzählt, die als Verbündete Napoleons das heilige Land Tirol besetzt hatten.

Obwohl andererseits heut der Andreas Hofer beinah so etwas ist wie ein bayerischer Nationalheld, von dem wir gefühlsmäßig meinen, am Berg Isel nicht gegen, sondern für ihn gekämpft zu haben. Und wenn jetzt irgendwo das Andreas-Hofer-Lied angestimmt wird mit der Strophe »Ach Himmel, es ist verspielt, ich kann nicht länger leben, der Tod steht vor der Tür, will mir den Abschied geben«, dann sind uns doch manchmal schon, Hand aufs Herz, die Augen nass geworden!

Denn das Landl Tirol und insbesondere Südtirol mit seinen Menschen und seiner Sprache sind uns so vertraut wie eine liebe alte Weise, die uns die Mutter gelehrt. Und diese Mutter, heißt sie nicht Bajuwaria, und sind wir über zwei Grenzen hinweg nicht Brüder und Schwestern seit Anbeginn?

Vielleicht hat das der alte Senn gemeint, als sich beim Anblick eines Bayern der Himmel für ihn auftat, vielleicht erkannte er in ihm den Vetter aus ferner Vergangenheit, der frühzeitiger als er Halt gemacht hatte auf guter Ackererde, während ihn die blaue Silhouette der Berge weitergetrieben hatte bis zu jenem entlegenen Hochtal jenseits des Brenners.

Wer hindert uns, diese Möglichkeit für die wahrscheinlichste zu halten? Wenn wieder einmal ein Tiroler Roter am Tisch steht, sollten wir ein Glasl auf den alten Senn trinken. Denn sein Sprüchl tut auch für uns Bayern den Himmel auf.

Werden Sie zum Bayern-Kenner

Opern auf Bayrisch

Mozart, Verdi und Wagner einmal anders! Paul Schallweg hat den Inhalt bekannter und beliebter Opern in originelle Mundartverse gegossen und eine höchst vergnügliche Lektüre geschaffen.
In diesem Sammelband sind nun endlich seine berühmtesten Opern zu finden. Von *Aida* – dem Liebesdrama am Nil nach'm Verdi-Sepp – über *Der fliagade Holländer* bis zu *Carmen* oder *Tannhäuser*: alle sind hier versammelt und vor oder nach, anstatt oder während eines Opernabends gleichermaßen empfehlenswert!

Bayerische Gschicht im Gedicht

Wie unterhaltsam und kurzweilig Geschichte sein kann, zeigt der bekannte Autor Franz Freisleder in diesem Buch. In originellen Mundartversen berichtet er mit einem Augenzwinkern, was sich seit der Entstehung des Bayernstammes bis zur Gegenwart innerhalb der weißblauen Grenzpfähle zugetragen hat. Wer etwas über den legendären Herzog Tassilo wissen will, über den »Märchenkönig« Ludwig II., über den unvergessenen Franz Josef Strauß oder die Regierungszeit Edmund Stoibers – der bekommt all das von Freisleder nicht nur historisch korrekt, sondern auch auf ungemein originelle Art erzählt. Ergänzt wird dieses Stück bayerischer Geschichte durch amüsante Zeichnungen aus der Feder von Sebastian Schrank. So ist der Leser, ehe er sich's recht versieht, auf ganz entspannte Weise zum Spezialisten für bayerische Geschichte geworden!

Bibliografische Angaben:
Franz Freisleder
Bayerische Gschicht im Gedicht
96 Seiten
ISBN 978-3-475-54074-5

Bayerische Geschichte

Zu Recht gilt Benno Hubensteiners »Bayerische Geschichte« als der Klassiker zu dieser Thematik. Die Verbindung aus Erzählkunst und wissenschaftlich fundierter Darstellung, wie sie hier vorliegt, wurde bisher nicht wieder erreicht. Damit eignet sich das Buch nicht nur für Schüler und Studenten, die sich einen ersten Überblick über Bayerns Vergangenheit verschaffen wollen. Jeder Interessierte wird es mit Gewinn und Freude lesen!

Bibliografische Angaben:
Benno Hubensteiner
Bayerische Geschichte
568 Seiten
ISBN 978-3-475-53756-1